科普中原
KE PU ZHONG YUAN

河南省科学技术协会科普出版资助

风雅牧野

文物中的古代文明

王元黎 著

河南人民出版社
·郑州·

图书在版编目(CIP)数据

风雅牧野 ：文物中的古代文明 / 王元黎著. —郑州 ：河南人民出版社, 2023. 12
ISBN 978-7-215-13299-3

Ⅰ. ①风… Ⅱ. ①王… Ⅲ. ①历史文物-中国-通俗读物 Ⅳ. ①K87-49

中国国家版本馆 CIP 数据核字(2023)第 243246 号

河南人民出版社出版发行
(地址:郑州市郑东新区祥盛街 27 号 邮政编码:450016 电话:0371-65788077)
新华书店经销 河南新华印刷集团有限公司印刷
开本 890 毫米×1240 毫米 1/32 印张 8.375
字数 185 千字
2023 年 12 月第 1 版 2023 年 12 月第 1 次印刷

定价：56.00 元

序

王记录

可能是因为从事历史教学和研究工作，每到一地，我都喜欢去当地的博物馆看看，借以增长见识，了解当地的历史文化。每当置身于博物馆内，凝视一件件历经沧桑、承载丰富历史信息的文物时，我总是忍不住浮想联翩：古人为什么要制作这样的东西？这些东西是怎么制作而成的？其中有什么样的寓意？寄托了什么样的思想和观念？反映了当时怎样的生产、生活状况？……因为疑问多多，所以就产生了进一步了解这些文物的想法。

如今，一部书稿摆在了我的面前，这就是王元黎撰写的《风雅牧野：文物中的古代文明》。作为该书的第一个读者，我被书中的内容深深吸引了。该书以新乡出土文物和新乡市博物馆馆藏文物为对象，遴选其中最具代表性的文物进行细致、深刻的解读，内容丰富，图文并茂，文笔流畅，娓娓道来，揭示了每件文物的发现、出土、源流以及文化价值、艺术价值、历史意蕴等，精彩纷呈。王元黎的这部书，不仅回答了我序言开头提出的种种疑问，而且引发了我的思考：如何让文物活起来？如何去伪存真，给人们呈现一个真实的文物世界？

中国是一个历史悠久的文明古国，同时也是一个文物大国。中华文明以其文化的广博与厚重，在悠久的历史长河中，淬炼出无数的国宝重器，为我们留下了一件件弥足珍贵的文物精品。众所周知，文物是实物形态的历史文化遗存，是物化的历史，有着重要的历史价值、艺术价值和科学价值。一件件精美绝伦的文物，从不同的侧面反映了各个历史时期人们的生产生活、社会关系、风俗习惯、思想文化、道德情感、审美旨趣、思维方式等，是宝贵的历史文化遗产，是一个民族、一个国家历史发展变化的见证。尽管文物不会说话，但每件文物都有说不完的故事、道不完的内涵，实际上是在无声地诉说着一个民族的历史。

由于自然的破坏、王朝的动荡、外族的入侵、人们的愚昧与贪婪，现在我们能够看到的文物，都是劫后余生的珍宝。这些文物瑰宝大多收藏于各地的博物馆中。华夏大地众多博物馆陈列的各类珍贵文物，如同点点繁星，汇聚成一条银河，辉映在辽远的天际，象征着中华民族曾经走过的历程。博物馆是收藏、展示与深入研究文物的主要场所，不仅承担着展示文物、研究文物、阐释历史的任务，而且承担着对广大民众进行历史教育、文化教育、审美教育的责任。因此，如何让收藏在博物馆里的文物活起来，从而转化为公众的精神财富，提高公众的文化修养，是值得所有博物馆人认真思考的问题。

要让文物活起来，就必须让文物活在当下，活在人们的现实生活中，惠及广大民众，让更多民众感受到文化遗产对现实生活的意义，进一步促进城市文化生活的繁荣。从表面上看，文物是从泥土中挖出来的“老古董”，但深入探究，我们就会发现，每件文物都是一个鲜活的生命体。因此，讲清每件文物的用途以及文物中蕴含的历史意义和精神特质，让优秀传统文化融入广大民众的日常生活，滋养广大民众的内心，是让文物活起来的重要手段。也就是说，要让文物活起来，不能仅仅停留在描述文物外在形式的层面，还要深入挖掘文物的文化价值，在引导人们欣赏文物造型之美的同时，还要把培育正确的历史观、文化观放在突出位置，注意介绍文物所蕴含的历史价值、文化价值、审美价值、科技价值和时代价值，揭示文物背后的历史文化。

从上述意义上讲，王元黎的这部书就是适应时代的需要，本着“让文物活起来”的想法而写成的。一书在手，即便你没有去博物馆观看文物，也能详细知晓这些文物的前世今生和文化价值；即便你去博物馆观看了文物，该书也能让你更加深入地了解文物背后的故事，更加亲近文物、熟悉文物。套用现今时髦的话语，文物的打开方式有多种，王元黎的打开方式无疑是其中最为正确的一种。

文献汇千载之思，文物凝万古之志。正确解读文物，不仅需要有考古功力，还需要有文献功底。王元黎硕士阶段攻读的是历史文献学专业，硕士三年的刻苦学习为她打下了坚实的文献学基础。硕士毕业以后，她到新乡市博物馆工作，在完成各项工作之余，对馆藏文物产生了浓厚的兴趣。她凭借自身较好的文献学修养，遍查各类考古发掘报告和文献材料，利用“二重证据法”，对馆藏代表性文物一一进行考释、解读，并将相关研究成果发表在各种报纸、杂志上，产生了一定的影响。众所周知，因为种种原因，在地方文化研究中，经常出现肆意拔高本地文化价值的现象。为了凸显本地文化的优越性，妄下结论而不在乎论据的正确与否，已经成为地方文化研究的痼疾。因为受过严格的文献学训练，王元黎在撰写《风雅牧野：文物中的古代文明》的过程中，一直秉持乾嘉学者“实事求是”的治学精神。首先，面向自身，凡作一解，必凭证据，对任何一件文物的解读都做到考证严密，在证据确凿的基础上深入挖掘文物的文化内涵，既不拔高，亦不贬低；其次，面向公众，将新乡出土文物和新乡市博物馆馆藏文物置于全国同类文物中进行比较，恰当定位其价值，以图文并茂的形式、顺畅流利的语言表达自己对文物的理解，传达准确的文物信息，在最大程度上满足人们的精神需求。

巨木参天，必有其根；河水东流，必溯其源。一个国家和民族无论发展到何种程度，都不可能摆脱其根之所系、脉之所维的印痕。具体到新乡而言，这是一方历史文化积淀深厚、演绎了无数历史传奇的沃土。新乡出土文物和新乡市博物馆馆藏文物，不仅生动述说着新乡乃至中原的过去，也深刻影响着当下广大民众的文化生活。由此出发，利用好博物馆这个宝库，加强对文物价值的挖掘、阐释和传播，为人们提供打开历史视野的钥匙，让人们从珍贵文物中汲取更多养分，带着对历史的敬意瞩望未来，或许是打开王元黎这部书的最佳方式。

那么，就让我们跟随王元黎的介绍，去体会一件件文物的丰富内涵，走进中原文化深处，领略华夏文化的博大精深吧！

（王记录，河南师范大学二级教授、博士生导师，历任河南师范大学历史文化学院院长、《河南师范大学学报》主编等职。）

前　言

钱穆先生在《国史大纲》序言中讲，任何一国之国民，对本国已往历史，应怀有一种“温情与敬意”。笔者认为引申到地域文化，亦应如此。作为某一特定地域的民众，我们应对本地的历史文化有所了解并满怀热爱。这本小书是对新乡出土文物和新乡市博物馆馆藏代表性文物的介绍，以及对文物所处的时代背景、文化内涵等文物信息的解读，希望对读者了解新乡的历史文化有所帮助。

新乡地处中原腹地，北依太行，南临黄河，是华夏文明的核心区和重要发祥地之一。史前为共工氏族活动区域，夏属冀州之域，商系京畿之地，春秋属卫，战国归魏。公元前 1046 年武王伐纣的著名战争“牧野之战”即发生于此，故新乡又称“牧野”。公元前 841 年，共国（今新乡辉县）国君共伯和代行王政，史称“共和行政”，这一年也被称为“共和元年”，中国历史从此有了明确纪年。

君子故里，千年风雅。春秋时期，吴国公子季札至卫，发出了“卫多君子，其国无故”的赞叹。新乡是《诗经》重要发源地之一，《诗经》中一些传诵至广的名篇名句，如《卫风·木瓜》

“投我以木瓜，报之以琼琚”，《大雅·大明》“牧野洋洋，檀车煌煌”等，也与新乡有关。西晋武帝时，古汲郡（今卫辉）墓冢出土大批竹简，后世称为“汲冢书”，国学大家王国维先生说“自汉以来，中国学问上之最大发现者有三”，汲冢书即为其中之一。比干剖心忠谏、太公垂钓、孔子杏坛讲学、黄池会盟、围魏救赵、张良刺秦、官渡之战、陈桥兵变等历史典故均源于这方热土。

文物承载，淳淳民风。牧野大地历史厚重，文化兴盛，风物璀璨，文物资源亦十分丰富，有许多令人自豪的全国之最。从新石器时代开始，延绵不绝的裴李岗文化、仰韶文化、龙山文化，是牧野地区史前文化发展的脉络。新乡境内的辉县琉璃阁、褚邱，卫辉山彪等地，曾出土大量精美绝伦的商周玉器、青铜器、金器等珍贵文物，今见于海内外各大公私藏家。如据传出土于辉县、一度流散日本、现藏于中国国家博物馆的子龙鼎，是迄今为止发现的商末周初最大的圆鼎，堪称“国之重器”。水陆攻战纹铜鉴，1935 年出土于汲县（今卫辉）山彪，现藏于台湾“中研院”历史语言研究所，其纹饰画面被发掘者郭宝钧先生称为“至今尚为中国惟一的最早的一种战况写实图”。有关春秋时期著名的历史人物吴王夫差，目前全世界现存其文物仅 20 多件，而在辉县发现、出土或相传出土于辉县的就有吴王夫差剑和吴王夫差鉴。辉县固围村 1 号墓祭祀坑出土、现藏于中国国家博物馆的战国玉册，是目前考古发现最早、最完整的玉册；5 号墓出土的鎏金嵌玉龙首银带钩，构思奇巧，工艺繁复，装饰华美，集金、银、玉、琉璃多种材质、工艺于一身，是带钩中的极品，被国家文物局列入第三批禁止出境展览文物。新乡市博物馆镇馆之宝牛首爵，造型独特，国内罕见，举世稀有。新乡凤凰山南麓的潞简王墓，依山傍水，气势恢宏，是现存规模最大、保存最完整的明代藩王陵寝。新中国考古第一铲从辉县挥起，新中国第一部田野考古报告为《辉县发掘报告》。

新中国成立初期，新乡曾是平原省省会。得益于昔日省会之优势，新乡市博物馆收藏有原平原省所辖豫北、鲁西等50多县市出土、传世文物数万件（套），数量和质量远在一般地市级博物馆之上，尤以商周青铜器、明清书画、历代碑帖拓片著称，是集收藏、展示、教育、研究等功能于一体的综合性地方历史博物馆。

博物馆被誉为“城市的文化客厅”，也是进行乡土教育的最佳场所。馆藏文物不仅展示地方历史文化，而且维系地域认同。深入挖掘文物背后的故事，努力研究文物蕴含的历史价值，深刻阐释文物中真正让人动容的人文精神、文化基因，是每个文博工作者义不容辞的责任。

作为一名文博工作者，笔者依托多年研究成果，以“让文物活起来”为目的，精选新乡市博物馆馆藏代表性文物——既有商代牛首爵、明代关公铜造像、清代郑板桥《水墨竹石兰图》轴等重量级的镇馆之宝，又有子觚、玉琥、祖辛卣、潞王琴等极具牧野特色的精品文物——用通俗的语言进行解读，努力讲好文物故事。为反映牧野大地曾经辉煌灿烂的文明，又特别增加了子龙鼎、吴王夫差剑、水陆攻战纹铜鉴等本地出土、流散在外的国宝级文物，年代由商迄清，涵盖青铜、玉器、书画、陶瓷、漆木等材质类别。每类器物重点解读一两件有代表性的文物，并深入挖掘其历史背景、文化知识、艺术价值或流传故事等。为反映新乡文物的丰富性及器物发展的全貌，此类器物中的其他名器重器，亦附于每类文章末尾，仅作基本介绍，留待以后再深入研究。

本书定位为普及性读物，兼具一定的学术性，可供对文物及历史、文化、艺术感兴趣的读者阅读。由于本书的性质，引文注释没有一一列出，祈望读者见谅。因笔者学识水平有限，书中谬误，在所难免，恳请读者批评指教。

感谢“科普中原”项目创作资助，感谢河南人民出版社副总编辑杨光女士大力支持，使本书得以顺利出版。感谢授业恩师王记录教授、大师兄李峰教授多年关心指导。感谢新乡市博物馆的领导、同事。深致谢意！

目 录

第二节　礼乐攻伐

第三节　壶鉴华美

第二章　玉韫生辉

第一部分

牧野镇馆之宝

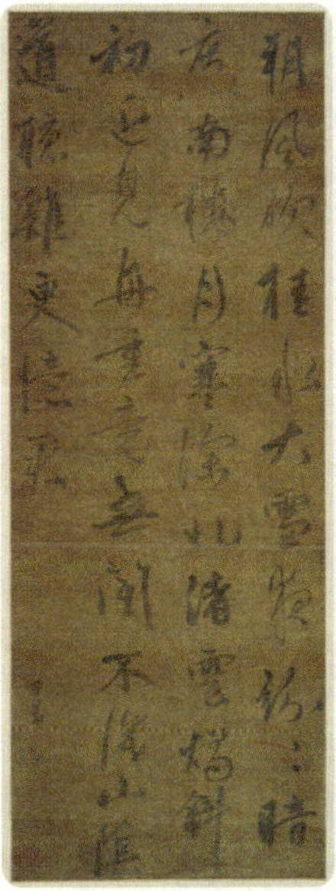

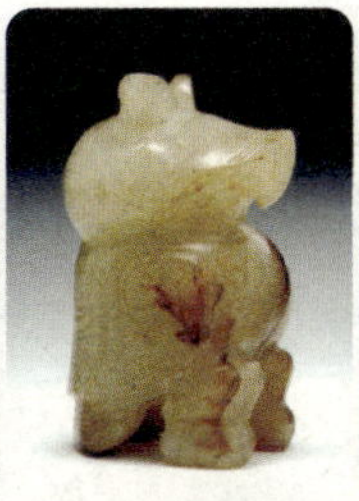

器小礼大　吉金之首

——牛首爵

20世纪50年代，辉县褚邱出土了一组七件具有相同铭文（“[illegible]”）的商代晚期青铜器，包括一鼎、一卣、一尊、一簋和三爵。该组器物造型典雅，纹饰精美，被著名古文字学家唐兰先生誉为“稀世珍宝”。其中一件青铜爵尤为引人注目，不仅体形明显比其他爵大一些，而且非常罕见地带有盖子，盖端为牛首形，造型独特，因其铭文至今仍然无法完全识别，故称“牛首爵”或“牛头盖爵”，现居新乡市博物馆六大镇馆之宝首位。

一、文物品鉴

牛首爵通高23.5厘米，腹径7.8厘米，腹深10.5厘米，重1.095千克。宽流尖尾，口部微收，深腹圆底，下腹弧收，龙首鋬，三棱锥足微外撇，有盖无柱，盖中部凹处饰一半圆环钮。盖前端为牛首形，牛首前探，大眼凸睛，吻鼻高耸。叶状两耳竖立，额顶双角向后并向内弯曲，呈半月状。在与流、角位置垂直一侧的足上，设有半环形鋬，鋬的横截面为长方形，鋬顶与腹壁连接处饰一龙首，作衔物状。錾、足简洁，增强了爵造型的流畅性。整器铸造精美，轮廓清晰，比例匀称，细节精致，力度感很强，俯瞰犹如一头站立的水牛，为商代晚期青铜器珍品。

李学勤先生讲“纹饰是青铜器的语言”。这件牛首爵不但有生动的造型，而且纹饰相当精细华丽。盖顶以云雷纹为地饰夔龙纹，盖面中线微凸似牛脊，脊饰“人”字形纹，并以此为中心，饰夔龙对称的复合兽面纹。腹部以四条浅扉棱分隔四区两组的宽带兽面纹，同样以云雷纹衬底，但半浮雕兽面纹之上并无地纹，而是简单作棱状凸起，使兽面纹的主体得以突出。全器表面色泽匀称，大部为黄绿色表层，局部有绿蓝色锈斑。器表与造型、纹饰关系协调，形成精巧大方、优美典雅的风格。

“制器象物，示有其形。”牛首爵造型稳重，形态逼真，双眸炯炯有神，栩栩如生。尤为值得注意的是牛角，硕大而醒目，向后向内弯曲，明显是现在南方地区常见的水牛，而不是如今中原地区常见的黄牛。艺术来源于生活，商代工匠能把水牛铸刻在青铜爵上，说明当时水牛在中原地区非常普遍，透露出的信息，是当时这里的气候温暖湿润，像现在的江南，非常适宜人们生活居住。

二、铭文解读

牛首爵盖内有铭“”，爵身錾下有“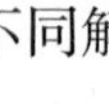”二字铭。自该组青铜器问世以来，学界对其铭文一直有不同解读。如有二字说，即认为“”为族徽，“”为两个单体汉字；有三

[illegible]青铜组器

牛首爵

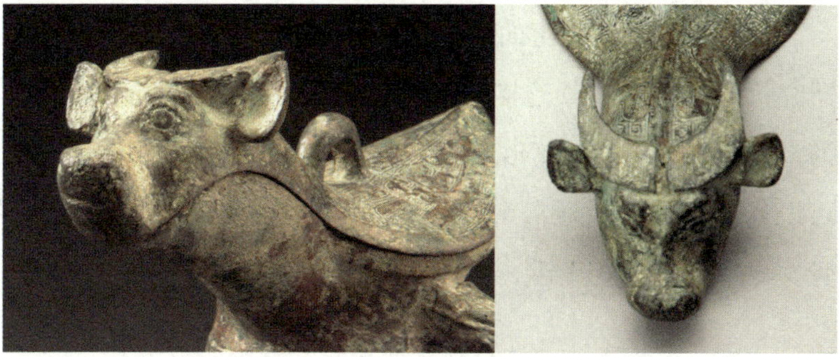

牛首爵局部

字说，认为“[illegible]”为上下排列的一个字，“[illegible]”为两个单体汉字；还有四字说，将“[illegible]”解读为四个分别独立的汉字。其中，没有争议的是“[illegible]”字，与妇好青铜器上的铭文一致，为成熟规范可识别的汉字。从字形上看，为一女子手持扫帚，现解读为“妇”。最后一字“[illegible]”，至今仍无人能识别。

独特罕见的造型，精细繁缛的纹饰，难以考证器主的铭文，为器物增添了神秘色彩。从铭文拓片来看，前两字“[illegible]”象形程度较高，呈上下排列，应为族徽或族氏铭文；像一人头生长发而带髭须，头上作相对二耳状，象征从俘获的敌人身上割下来的双耳（战利品）。已故中国国家博物馆专家石志廉先生认为，这是“一个能征善战的氏族的标志”。后两字为比较成熟的文字，都是“女”字旁，第一字为妇，第二字至今无人能识别。商代已嫁女子一般称“妇某”，如“妇好”“妇姘”。铭文所表达的意思可能是，该组器物为“”族氏所有，为名叫“”的女子所用或所铸。

该青铜组器在出土的商代青铜器中极为少见，具有较高的研究价值。“象（像）这样为一人制作的成组的商代青铜器，除河南安阳殷墟商妇好墓出土的一些有‘妇好’铭文的青铜器外，可说是仅见的。”爵通常无盖，带盖爵非常罕见。著名学者、甲骨文专家许进雄先生讲，“有盖子的爵可说不到百分之一”。目

牛首爵盖内铭文

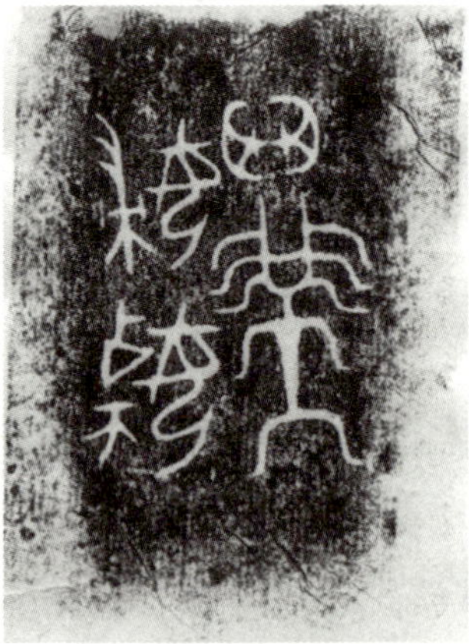

牛首爵盖内铭文拓片

前出土最大青铜爵群的妇好墓，数种形式的爵四十器，无一带盖。就目前已发表的研究资料来看，新乡市博物馆所藏的这件牛首爵，不仅河南独此一件、全国稀有，就连世界范围内也不多见，因而极其珍贵。

三、功能用途

《周易·中孚》载："鸣鹤在阴，其子和之。我有好爵，吾与尔靡之。"爵是古代一种酒器，也是一种礼器，商周时期盛行，多为青铜器。东汉许慎《说文解字》："爵，礼器也，象爵之形，中有鬯酒，又持之也。所以饮器象爵者，取其鸣节节足足也。"

爵通常是侈口，口一端有流，即倾酒的流槽，窄而长；另一端有尾，宽而扁。流与杯口之际有柱。中为圆腹形杯，腹侧设一鋬，杯底下有细长的三足。从器形上看，爵体积不大，但铸造却相当复杂。口前有流，后面有尾，上有双柱，腹侧有鋬，底有三足，因而需要由多块陶范巧妙复合铸造。早期的青铜爵胎壁薄，表面粗糙，多为平底，纹饰简单，腹部偶有简略的连珠纹或乳钉，流多作狭槽形且较长，柱不发达，无铭文。中期造型趋于成熟，器壁厚薄适中，形体匀称秀丽，铸造精美，装饰细腻，圆底流行，柱呈涡纹菌状或伞状，鋬为兽首形，纹饰以凸弦纹、饕餮纹为主，铭文一般为一两个字。晚期器体厚实凝重，形制庄严肃穆，鋬小而粗，鋬上多饰有牺首，纹饰仍以凸弦纹、饕餮纹为主，开始出现记事铭文。

爵是先秦饮酒器的总称，又是一种酒器的专名。具体用途，有饮酒说、注酒说和煮酒说等，目前尚无定论。殷商时期，“国之大事,在祀与戎”,祭祀和战争是当时的头等大事。《尉缭子·治本》道:“野物不为牺牲，杂学不为通儒。”牛是商周祭祀时的重要牺牲，在殷人观念中，体格健壮、有一对弯曲而有力的大角的水牛更具灵性，所以让它充当人与神沟通的媒介，在祭祀中扮演通天地的神兽的重要角色。以牛首为造型的青铜爵，也是其作为礼器在祭祀中发挥作用的重要佐证。宋代王黼在《宣和博古图》中精辟归纳道:“盖爵于饮器为特小，然主饮必自爵始，故曰在礼实大。爵于彝器是为至微，然而礼天地、交鬼神、和宾客以至冠、昏、丧、祭、朝聘、乡射，无所不用，则其为设施也至广矣。”

四、文化内涵

古时把铜称为“金”，将青铜器叫作“吉金”。二里头夏文化遗址中已发现有青铜爵，是目前所知出现最早的青铜礼器，同时又是出土数量最多的青铜礼器。在二里头遗址所发现的铜器墓中，如果只出一件铜容器，必定为爵；若有两件或更多的铜容器，其中必有爵。从二里头夏文化时期到西周早期，爵一直作为青铜酒器之中心器物而存在，器小而礼大。特别是商代，以觚、爵、斝为基本组合。邹衡先生指出:“商礼以酒器觚、爵的数目区分贵族身份。”在商代青铜礼制组织中，鼎、爵、觚、斝为基本组合。商代墓葬中陪葬青铜酒器，最低限度为一爵，有一爵一觚组合，也有爵与斝单独组合的。规格高些的再配以

牛首爵俯拍图

牛首爵盖内面

牛首爵盖外面

炊器甗和食器簋，或酒器尊、卣和盉，或水器盘，最常见的是加上尊。其中又以觚、爵为核心配置，规格越高的墓葬随葬觚、爵套数也越多。如一般小贵族墓只有一爵一觚，而妇好墓出土的青铜爵达40件。

从铸造工艺、陪葬数量、组合关系上可以看出，青铜爵在商周礼器中地位极其重要。侯、伯、子、男等爵位都见于甲骨卜辞，故商代可能比较普遍地实行了班爵制度。《礼记·王制》："王者之制禄爵，公、侯、伯、子、男，凡五等。"秦国商鞅变法，建立军功爵制，提出了“不官无爵”的原则，爵又被赋予了更多的政治含义，其重要作用在于“明贵贱，辨等列”，爵制成为中国古代社会的政治等级制度之一。《礼记·礼器》载，“宗庙之祭，贵者献以爵，贱者献以散”。由于古代使用爵这种酒器的人通常地位比较高，因此“爵”被借作爵位，后世更成为人们身份、地位的特有标志，由此衍生出了高爵显位、加官晋爵等词语。

商代战神　既猛又萌

——青玉鸮

一、文物品鉴

青玉鸮，商代晚期，青白玉质，高 5 厘米，宽 3 厘米，重 0.0472 千克。鸮为立体圆雕，作站立状，猪头鹰身，昂首挺胸。面呈三角形，双耳竖立，尖喙内钩，两圆眼用双阴线刻出。头以下为鸟身，胸部前凸，双翼收拢，宽尾短而下垂及地。两腿粗壮微曲，双足结实有力，与下垂的宽尾呈鼎立状，不仅使器物置放平稳，更显体态敦厚庄重。头顶后有一上下钻通的圆形斜孔，以便穿绳系挂。尾与足之间有“十”字形小槽，可供嵌插。左耳部和两翼有少许红色沁色。整器玉质温润，沁色优美，既有高古玉器的拙朴，又灵性十足，富有神韵。

青玉鸮通体饰纹，胸部、双翼、头背部饰羽纹、卷云纹，刀工老练娴熟，线条自然流畅，工艺精湛细腻。得益于商代出色的抛光技术，整器晶莹透亮，光彩照人，造型设计亦颇具匠心。商代玉工在深入观察动物体形特点的基础上，准确地把握住了鸮的耸耳、尖喙等主要特征，并加以高度概括和适当的夸张，将局部的特殊质感和习性特征充分表现了出来，使这件青玉鸮凛然威武又不失可爱，灵动传神，生机盎然，具有很强的艺术感染力。特别是鸮双耳上竖，看上去神采奕奕；昂首挺胸，又显得信心满满，宛如一名得胜的武士。

二、文化内涵

鸮，又称“枭”“鸱鸮”，俗称“猫头鹰”，是一种猛禽，昼伏夜出，机警诡谲，习性凶猛，给人一种勇猛、威严之印象。在人类早期艺术中，鸟类等动物形象具有鲜明的原始宗教意义。我国史前文化中，对猛禽类动物崇拜的现象亦较为普遍。

上古时期，鸮被认为是通神的动物，早在史前文化中就有不同形式的艺术表现。如新石器时代的仰韶文化、红山文化中，均有以鸮为造型的陶鸮、玉鸮出现。在商代，鸮则被奉为“战神”，人们把它视为神鸟，对它极强的战斗性加以崇拜，认为它是勇敢和克敌制胜的象征，有躲避兵器伤害和防避兵灾的神秘力量。商代围绕鸮的造型艺术更是达到了顶峰，突出表现在青铜器和玉器上。许多青铜尊、青铜卣都是以鸮为造型，如妇好墓出土的青铜鸮尊、山西博物院藏青铜鸮卣等。青铜器纹饰中也多有鸮类形象出现。刘敦愿先生认为，中国古代猛禽象征威猛，与兵刑之事相联系，枭即如此，“枭鸣就是战争胜利的象征”。马承源先生认为，“商代青铜器鸱鸮的图像，应看作是表示勇武的战神而赋予辟兵灾的魅力，为战神”。

三、工艺技术

商代玉器是在新石器时代晚期玉器基础上发展而来的，具有承上启下的作用，对西周玉器产生了深远的影响。商代早期玉器出土数量不多，主要是礼器，包括作礼器用的兵器和工具，装饰性器物很少，常见的有玉圭、玉璜、玉刀、玉戈、玉璋、玉钺、玉铲和柄形器等。

商代高度发达的奴隶制极大地促进了手工业技术的进步，青铜工具的出现大大提高了琢玉质量，许多作品的雕琢，综合运用研磨削切、勾线阴刻、阳刻浮雕、钻孔、抛光等多种技法。这些综合在一起的琢制技术，大都达到很高的水平。对一些质地坚硬的玉料，单使用青铜工具无法在玉面上刻出线纹，据此推测，商代可能已经出现了利用轮子带动蘸着研磨砂的圆形工具来琢制玉料的技术。玉器的造型和纹饰较前代更加复杂、精致，琢制工艺更加成熟。片雕数量较多，始终是主流。到商代晚期，开始有一定数量的圆雕作品，像生类器物数量增多且特色突出，特别是人物及动物造型作品，因料赋形，体现出较为高超的工艺水平。

商代玉器以晚期为代表，尤以殷墟出土玉器闻名于世，代表了商代玉器制造业的最高水平。殷墟妇好墓共出礼器、仪仗、工具、生活用具、装饰品和杂器等 755 件（组）。其中像生类玉器 197 件，动物造型包括禽、兽、畜和昆虫几大类，具体有牛、羊、马、虎、象、熊、鹿、狗、鳖、螳螂、鱼、鸮、鹦鹉、蝉等，共计 30 余种。这些动物造型丰富多彩，刻画细腻，形象逼真，有些还突出了外形的主要特点，如象的长鼻、虎的利齿、螳螂的刀足等，相当神似。此外还有非写实性动物玉雕，如玉龙、玉凤等。妇好墓出土的六件玉鸮，均为立体圆雕，作站立状，形态大同小异，但无一重复。其中一件与新乡市博物馆馆藏的极为相似，故可判为同时期器物。

关于商代晚期玉料来源，目前学术界尚存在不同声音，有待进一步研究。一种观点认为，新疆和田是商代晚期玉料的主要产地；另一种观点认为，商代玉料来源复杂，具有多元性，多是“就地取材”，包括新疆料、岫岩料、甘肃料及未知的地方料。

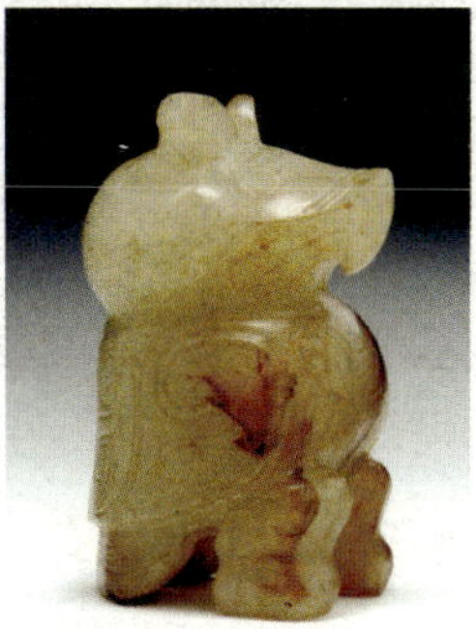

青玉鸮

青玉鸮正面

青玉鸮背面

气度雍容　遒劲姿媚

——赵孟頫《行书五言诗》轴

一、文物品鉴

赵孟頫《行书五言诗》轴，元代，绢本，绫裱。画心纵 129 厘米，横 48 厘米。内容为赵孟頫手书唐代诗人杜甫《舟中夜雪有怀卢十四侍御弟》："朔风吹桂水，大雪夜纷纷。暗度南楼月，寒深北渚云。烛斜初近见，舟重竟无闻。不识山阴道，听鸡更忆君。"末尾署款"子昂"。左下有一朱文印章，字迹已模糊不可辨。此轴书法一反赵孟頫书作表现出的中锋到底、秀媚妍美之气象，一气呵成，中、侧锋并用，提按分明，下一点如高山坠石，作一撇如力士拉弩弓，流美遒劲，力透绢素。作品纵横放逸，气势贯通，运笔刚柔并济，宛转圆润，潇洒利落。提按轻重得宜，牵连粗细分明，结体亦骨肉停匀，端整遒丽。可谓字字风骨内含、神形外溢，非有过人之笔力，难以达到此境界。

条轴右上角附有清人梁巘跋语："予生平见吴兴书凡六种，

尹文端公所藏头陀寺碑，本吴门蒋氏物。郑竹坪太守十三札，即刻之渤海藏真本，此外数轴，亦皆真确。此幅字势开拓，尤得大令笔妙，墨迹中至宝也。”梁巘（1710—1788），字闻山、文山，号松斋，亳县（今安徽亳州）人，清乾隆年间著名书法家、书法理论家，著有《评书帖》《承晋斋积闻录》等。梁巘根据自己生平所见赵孟頫作品，认为此轴“亦皆真确”，并在题跋中给予高度评价，认为赵孟頫此幅作品字势开拓，得大令（王献之）笔法妙意，是墨迹中的至宝。

二、家世生平

赵孟頫（1254—1322），字子昂，号松雪，又号水精宫道人，湖州（今属浙江）人。他是宋宗室，为宋太祖赵匡胤十一世孙、秦王赵德芳之后。14岁以父荫补真州司户参军。宋亡后，作为南宋遗逸出仕元朝，累官翰林学士承旨、荣禄大夫。生前“被遇五朝，官居一品，名满天下”，死后封魏国公，谥号“文敏”，被称为“元人冠冕”。

赵孟頫一生虽享尽荣华富贵，但他以宋宗室的身份仕元，却也充满了无奈与心酸，心中难免有许多难以言说的寂寞和苦闷。曾作诗云：“误落尘网中，四度京华春。泽雉叹畜樊，白鸥谁能驯？”（《寄鲜于伯机》）“昔为水上鸥，今如笼中鸟。哀鸣谁复顾，毛羽日摧槁。”（《罪出》）诗句中隐含悔意和内疚，仿佛心头有挥不去的阴霾。他现存的书法作品中，亦有许多反映他个人心境、价值坚持及乱离感慨的作品。如馆藏这幅作品中，作者借写北风、夜雪、冷月，抒发其孤寂无奈、才不得展的情志。此轴不仅是赵孟頫现存大字精品的代表，亦是研究其生平思想、书法艺术的重要资料。

三、艺术成就

赵孟頫博学多才，能诗善文，工书法，精绘画，擅金石，通音律，解鉴赏，其中书法和绘画成就最高，是元代著名书画家、书画理论家。他主张师法自然，认为书画要有“古意”，倡导“书画同源”，强调绘画中用笔的书法趣味，提出“到处云山是吾师”的观点。在绘画方面，继承晋唐五代和北宋的优秀传统，博采众家之长，自成面貌，作品题材广泛，风格多样，山水、人物、竹石、花鸟均“悉造其微，穷其天趣”。在艺术表现形式方面，无论工笔、写意，还是青绿、水墨，都十分精彩。其山水画一扫南宋晚期“院体”积习，代表作有《鹊华秋色图》《吴兴清远图》。其人物鞍马画风格古朴，如:《人骑图》采用唐代铁线描或游丝描，保留了较多的唐代遗风;《红衣罗汉图》笔法凝重，设色秾丽，人物神态生动;《秋郊饮马图》笔法苍劲中含秀逸，设色浓郁中显清丽。

赵孟頫是元代最负盛名的杰出书法家，善写多种书体，被当时的大书家鲜于枢推崇为“本朝第一”。《元史》载其“篆、籀、分、隶、真、行、草书，无不冠绝古今，遂以书名天下”。他的书法既有广博而深邃的传统基础，又有鲜明的时代特色和个人风貌，艺术成就突出表现在行、楷书方面，以遒丽的书风享有很高的声誉，不仅左右了有元一代的书风，而且对明清两代也有深远影响。在中国书法史上，他和唐代欧阳询、颜真卿、柳公权，并称“楷书四大家”。

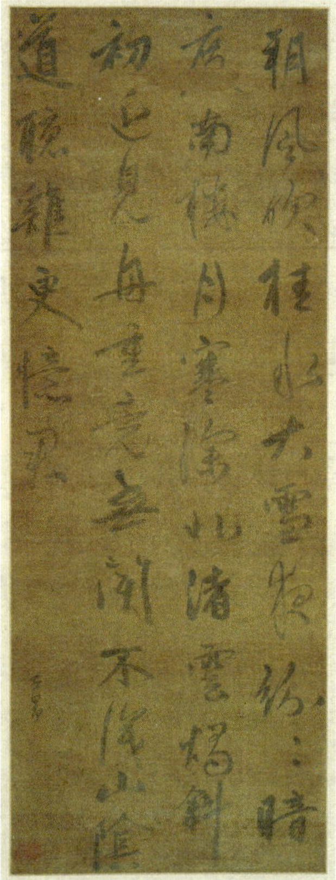

赵孟頫《行书五言诗》轴

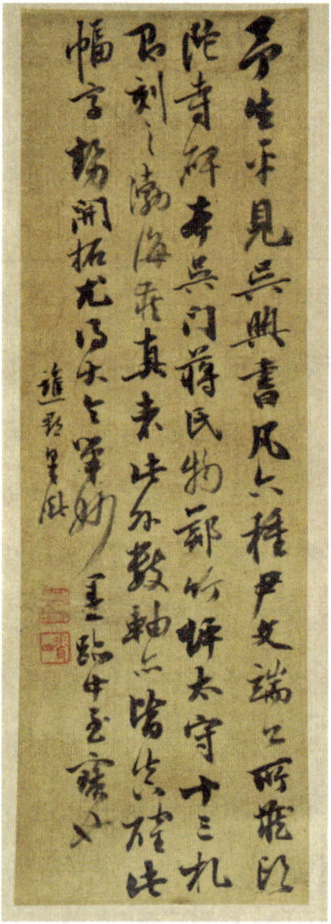

梁巘题跋

清风皓月　竹枝兰花

——郑板桥《水墨竹石兰图》轴

一、文物品鉴

郑板桥《水墨竹石兰图》轴，清代，纸本，绫裱。画心纵141厘米，横73.5厘米。画面以竹、石、兰为描绘对象，布局疏密相间，中部山石耸立，傲岸挺拔，两丛墨兰左右分披，反转得势，清丽多姿。山石之间数枝修竹远近分明，疏密有致，墨色干淡并兼，浓淡适宜，可谓枝枝着意，叶叶含情。左上部题画七言诗云：“君是兰花我竹枝，山中相对免相思。世人只作红尘梦，那晓清风皓月时。”署款“板桥郑燮”。下钤白文方印“郑燮之印”“潍夷长”两枚。从书法、绘画和用印的特点看，当是板桥在潍县任知县时的作品。整幅作品立意高雅，意境深远，构图精妙，笔墨洒脱，有“清癯雅脱”之意趣，全面反映了郑板桥在诗、书、画诸方面的艺术造诣，堪称板桥代表作品之一。

二、板桥其人

郑板桥即郑燮。郑燮（1693—1765），字克柔，号理庵，又号板桥，江苏兴化人，历经康、雍、乾三代，先是康熙秀才，后为雍正举人，直至乾隆元年（1736）中进士，曾任山东范县、潍县知县。他为官清廉，蔑视权贵，同情民间疾苦，因开仓赈灾，受污吏恶绅诬告，愤懑于官场腐败，毅然“乌纱掷去不为官”，回到扬州，以鬻字卖画为生。《兴化县志》卷八载其“爱民如子，绝苞苴，无留牍，公余辄与文士觞咏，有忘其为长吏者”。

板桥以诗文佳、书画精、墨竹绝享誉画坛，有诗、书、画、印“四绝”之誉。其画作往往借物咏志，有着深刻鲜明的思想个性、耐人寻味的笔墨情趣和清新狂放的艺术风格。作为文人画的代表，板桥画作注重诗、书、画三者的有机结合，喜用诗文点题。如《潍县署中画竹呈年伯包大中丞括》自题诗曰：“衙斋卧听萧萧竹，疑是民间疾苦声。些小吾曹州县吏，一枝一叶总关情。”借画面之竹，表达对民间疾苦的无限同情。他的作品往往被赋予强烈的主观感情色彩，如馆藏这幅作品中，画家笔下的竹就是画家自己思想和人格的化身。题画诗前两句“君是兰花我竹枝，山中相对免相思”，即将兰、竹人格化，以竹喻己、以兰喻友，借物抒怀，为我们展现了一幅避世脱俗、远离尘嚣、移情自然、超然物外的画面。后两句“世人只作红尘梦，那晓清风皓月时”，表现了他孤傲不群、不与世间污浊同流的品格和志向，以及他寄情清风明月间的情怀，这也正是他“不爱乌纱不爱钱”

的真实写照。

三、扬州八怪

扬州八怪因不受陈法约束、风格怪异而得名，又称“扬州八家”“扬州画派”，是清代中期活跃于扬州地区的几位职业画家。具体指哪八位，说法不一。清末李玉棻《瓯钵罗室书画过目考》所列八人，较为公认，分别是金农、黄慎、郑燮、李鱓、李方膺、汪士慎、高翔、罗聘。另外被列入“八怪”者，有华嵒、高凤翰、边寿民、闵贞、李葂、陈撰、杨法等。他们以革新的面貌出现于画坛，借画抒写不平之意，比拟清高人品，在形式上也不拘一格，作品无论是取材立意，还是构图用笔，均展露出了鲜明的艺术个性，具有比较深刻的思想内涵和炽热的情感。

郑板桥是扬州画派的代表人物，也是扬州八怪中最具个性，在民间最广为熟知、受人称道的画家。他一生爱画兰、竹、石，对其用情至深，并声言“非唯我爱竹石，即竹石亦爱我也”。他认为，兰四时不谢，竹百节长青，石万古不败；曾在《题兰竹石二十七则》中云：“四时花草最无穷，时到芬芳过便空。唯有山中兰与竹，经春历夏又秋冬。”在创作方法上，郑板桥提出“眼中之竹”“胸中之竹”“手中之竹”三阶段画论，并将书法用笔融于绘画，认为画竹是“以书之关纽透入于画”，画兰叶是“借草书中之中竖、长撇运之”。为使整幅作品书画风格协调，其题画诗的书写经常借鉴绘画的手法。如馆藏这幅作品题画诗中“君”“尘”“风”字的撇，都是以画兰的手法写出。无论是字体结构还是笔法，都具独特韵味和个性。整幅作品画中有书风，书中有画意，书、画独具一格又彼此交融、相映成趣。

郑板桥《水墨竹石兰图》轴

庄严妙相　菩萨慈悲

——德化窑白釉观音坐像

一、文物品鉴

德化窑白釉观音坐像，明代，瓷质，通高 24.5 厘米，底径 13.2 厘米。观音宝相庄严，低首垂目，微向前倾，跣足半跏趺坐于圆形蒲团上，左足屈掩，右足半露。两手手腕交叠搭于右膝之上，双手手指皆残断。头梳双层高髻，上盘螺形，下呈花瓣状，中插一龙首发簪，发丝根根可见。面部圆润饱满，五官细腻，大耳双垂，广额弯眉，眉间有一毫相，双目微启似闭，挺鼻小口。胸前佩饰荷花璎珞，荷花上下点缀几颗圆珠。腕戴手镯，外着披肩，内穿袒胸广袖上衣，下着羊肠大裙，衣褶垂拂流转，舒卷飘逸，颇有“吴带当风”之感。通体施白釉，中空，内壁中间靠下部位刻有“天启年”款及“百〇”。背部有一长方形印章，字迹模糊不可辨。观音沉静端庄，神情安然慈祥，既有超凡脱俗之气质，又有和蔼可亲之相貌，彰显出作器者娴熟而高超的雕塑技艺。

二、观音形象

观音又称“观世音”“观自在”，即观见世间种种音声：喜乐之音，苦痛之音，良善之音，邪恶之音。其寻声救苦救难、大慈大悲的形象，深入人心。观音是佛教四大菩萨之一、西方极乐世界教主阿弥陀佛座下的上首菩萨，和大势至同为阿弥陀佛的胁侍，与阿弥陀佛、大势至合称“西方三圣”。唐代避太宗李世民讳，减去“世”字，称为“观音”。观音相貌端庄慈祥，在以丰腴为美的唐代，观音造像也多富态华美。至宋，观音造像面容亲切清秀，如从神堂走入人间。辽金时期，受北方游牧民族的影响，观音造像魁梧强壮，比之唐宋时期的华丽清秀，更显得粗犷阳刚。明清时期，观音造像多圆婉柔美，婀娜多姿。为适应不同根性及类别的众生，观音可应机以种种化身救众生苦难，所以化身形象特别多。《楞严经》卷六载，观音可化现三十二种不同的身份。《法华经·普门品》所举观音有三十三身。唐代以后，观音形象被汉化佛教不断改造，最后定型为三十三法相，分别是龙头观音、持经观音、圆光观音、莲卧观音、杨柳观音、泷见观音、鱼篮观音、水月观音、不二观音等。馆藏此尊观音造像双手皆残，但根据佛经记载，参照其他现存同类完整造像，可知其为持经观音。

三、德化白瓷

德化窑位于今福建德化，是我国东南沿海地区久负盛名的一处民间窑场，也是古代外销瓷的重要产地之一。700 多年前，意大利旅行家马可·波罗在其游记中盛赞：“刺桐城（泉州）附近有一别城，名迪云洲（德化），造碗及瓷器，既多且美。”德化窑以烧造白瓷名闻天下，德化白瓷瓷质致密，胎釉洁白，如脂似玉，透光性极好，为“群瓷之冠”，有“猪油白”“象牙白”之称。在悠长的外销历史中，德化白瓷惊艳世界，享有“中国白”的美誉。

明德化窑白瓷观音极具盛名，造型生动，制作细腻。相比其他人物造型，观音像的类别最多，艺术成就也最高。德化白瓷“以陶瓷之脆性，表现衣褶之柔软；以陶瓷之生冷，表现肌肤之温润”，“堪称一绝，前后无人能与之比肩”。清乾隆以后的德化白瓷，白中略闪青，失象牙之质感。馆藏此尊德化窑白釉观音坐像，胎釉浑然一体，胎质纯净细密，釉色滋腻温润，宛如象牙；衣纹装饰华丽，线条繁复却不失层次，层层叠叠，似春水涟漪。从胎釉、工艺、造型上看，具有典型的明代福建德化白瓷特征。底款所刻“天启年”之“天启”，为明朝熹宗皇帝朱由校的年号，天启年从 1621 到 1627 年，在中国历史上仅仅存在了短短 7 年。其间，能留存下来的文物很少，故此尊观音坐像是一件非常难得的带有年款的福建德化白瓷作品。其明确的纪年，可为同类文物断代提供参考，因此弥显珍贵。

德化窑白釉观音坐像

威震华夏　闪耀东瀛

——关公铜造像

关羽，字云长，河东解县（今山西运城西南）人，东汉末年著名将领，官渡之战因功封汉寿亭侯。蜀汉建国，拜前将军。他“过五关，斩六将，千里走单骑，斩颜良，诛文丑”，威震华夏。后败走麦城，为马忠所杀，谥号“壮缪侯”。

关羽为人忠义仁厚，后世广受崇拜，又经民间艺人演绎、历代帝王褒封，其形象逐渐被神圣化。在老百姓心目中，关羽司命禄、佑科举、治病消灾、驱邪辟恶、诛罚叛逆、保佑家宅，堪为全能之神，是中国民间供奉香火最多的神仙之一。关羽还被尊为武财神，许多行业将其作为保护神，三教九流，海内海外，凡华人经商之所，大多塑像供香以求保佑。

一、文物品鉴

关公铜造像，明代，通高172厘米，宽118厘米，重578千克。关羽头戴包巾，巾带飘垂于双肩。面庞方阔，表情威严，浓眉竖立凸起，凤目微合，鼻弓高突，五绺长髯飘散于胸前。身着铠甲，虎头护腹、护肩，腰束带成结，自然飘垂，下着战裙，脚穿战靴。游戏坐姿，左手作掌状置于左腿上，右手握拳平放于右腿上。整体铸造精美，造型有力，特别是在细节处理上一丝不苟，衣纹刻画细腻流畅，战甲战裙纤毫毕现，面部表情栩栩如生，人物动作生动自然，反映了明代铸铜工艺的极高成就。

关公形象，一般有文相坐像、带刀立像和骑马出征像三大

关公铜造像

关公铜造像腹部纹饰

关公铜造像肩部纹饰

关公铜造像局部

类。馆藏此尊造像，却不同于以往常见的关羽形象，既非跨马出征或手握大刀立像，也非一手持书、一手捻髯，夜读《春秋》的儒将像，而是一种威风凛凛的戎装坐像。此造像没有借助任何仪仗兵器等道具，就将关羽忠义神勇、气撼山河的形象展现了出来，颇具庙堂之气。其体积之庞大、铸造之精美、造型之独特，在全国范围内都比较少见。

二、传奇经历

此尊造像原在范县旧城，民国二十四年（1935）《续修范县志》载："关帝像在旧城西峰寺内，高六尺，铜坚工细，形容严肃，相传系唐吴道子铸，洵称宝贵之古物也。"范县旧城在今河南范县东南 10 公里处，明代因黄河水泛涨迁徙后，"城郭市肆，顿成丘墟"。

据今范县张庄乡李楼村村中老人讲，村上李氏先祖自明洪武年间从山西洪洞迁此定居立村后，勤俭持家，经营有方，成当地巨富，遂斥巨资铸关公风磨铜像一尊供奉，以佑宗族。清朝年间，李氏祖上在范县旧城购地，建古佛堂一座，将关公铜像移去供奉。20 世纪二三十年代，时局动荡，战火不断，李氏族人将铜像请回村中守护。日军侵华，铜像遭日军觊觎，在李氏族人的保护下曾辗转多乡，抗战胜利后又回到村中。几经颠簸，铜像胡须上留下了一个深深的弹孔，似乎在诉说辗转中历经的磨难。新中国成立初期，铜像被运至当时的平原省省会新乡，后入藏新乡市博物馆。

三、三教神祇

陈寿在《三国志》中称，“羽美须髯”，“有国士之风”。裴松之在为《三国志》作注时，引用《江表传》称，“羽好《左氏传》，讽诵略皆上口”，渲染了关羽的儒将风采。明代罗贯中在《三国演义》中称，关羽“身长九尺，髯长二尺；面如重枣，唇若涂脂，丹凤眼，卧蚕眉，相貌堂堂，威风凛凛”。关羽形象逐渐定型为：红脸长髯，头裹青巾，身着绿袍，腿跨追风赤兔马，手提青龙偃月刀。他是忠义楷模，日战沙场，夜读《春秋》，文武双全，威震华夏，兼文韬武略于一身，集美德高行于一人，形象几近完美，正可谓“夜读《春秋》文夫子，单刀赴会武圣人”。

在中国历史上，关羽是唯一一位被儒释道三教共同供奉的神祇：儒家认为孔子是以言立身，而关羽是以行立身，故尊其为与“文圣”孔子齐名的“武圣”“关夫子”；在道教中，关羽被尊称为“关圣帝君”“关公”“关帝”，信奉道教的宋徽宗封其为“崇宁真君”；佛家将其列入佛教的护法神，尊其为“伽蓝菩萨”。

四、闪耀东瀛

中日两国有着2000多年的悠久交往史，文化交流是其中的重要方面。日本仰慕中华文化，隋唐时期，曾派出遣隋使和遣唐使，以举国之力吸收中华文化。2008年5月至2009年3月，日本曾举办了一场轰动全国的《大三国志展》。展览持续近一年时间，先后在东京、北海道、神户、福冈、香川、名古屋、群马七地巡回展出，好评如潮，参观人数突破 100 万人次，创下了中国文物展日本观众之最，被盛赞为“一场在日本历史上绝无仅有的中国国宝展”。

2019 年是《中日文化交流协定》签署 40 周年，《三国志》特别展在日本东京国立博物馆开展。在这两场相隔 10 多年的展览中，均有一件体积最大、重量最重、被用于宣传海报封面的重量级文物，这件居于 C 位的明星展品，正是来自新乡市博物馆的关公铜造像。

第二部分

牧野文物撷珍

第一章　牧野吉金

第一节　钟鸣鼎食

圆鼎之最

——子龙鼎

鼎是中华民族特有的器物，距今 8000 至 7000 年新石器时代的裴李岗文化和河姆渡文化中，已有陶鼎出现。青铜鼎始见于夏代，商周时期盛行，是夏商周三代重要的礼器。

鼎是青铜时代最具代表性的器物，具有烹煮肉食、实牲祭祀和宴飨等多种用途。《说文解字》释曰："三足两耳，和五味之宝器也。"鼎初为炊器，后传说夏禹收九牧之金，铸九鼎，象九州，夏商周三代皆以之为立国重器。《战国策·东周策》："昔周之伐殷，得九鼎，凡一鼎而九万人挽之。"鼎又是国家权力的象征，历商至周，都把定都或建立王朝称为"定鼎"，国灭则鼎迁。

《汉书·郊祀志》载:“夏德衰,鼎迁于殷,殷德衰,鼎迁于周。”《左传·宣公三年》亦有记载:“桀有昏德,鼎迁于商,载祀六百。商纣暴虐,鼎迁于周。”春秋末期,诸侯争霸,礼崩乐坏,九鼎落于泗水。至秦,秦始皇东巡路过彭城,还留有泗水捞鼎的传说。

子龙鼎,商代晚期,相传20世纪20年代出土于河南辉县,现藏于中国国家博物馆,通高103厘米,耳高22厘米,口径80厘米,腹深43厘米,足高36.5厘米,重230千克。折沿宽缘,圆腹微垂,上承微外撇的厚立耳,下接三蹄形足。颈部以云雷纹为地,周饰二类六组浮雕式饕餮纹,间有扉棱六条。足上端饰高浮雕式饕餮纹,卷角如羊,角尖部内卷并高高凸起,下衬三周凸弦纹,中央有尖凸的扉棱。因器内壁近口缘处有铭文“子龙”,故称“子龙鼎”。整器造型浑厚凝重,气势非凡,是中国古代青铜铸造技术的经典之作,也是迄今为止发现的商代圆鼎中体积最大者。它和最大的方鼎——后母戊鼎一圆一方,相映生辉,堪称青铜重器中的绝世双璧。

子龙鼎还是目前带有“龙”字铭文的时代最早的青铜圆鼎。器腹内壁铭文“子龙”属早期铭文范畴,象形程度高。其中“子”字较小,居于左上角,两臂一下一上;“龙”字在右下,以双线勾勒,遒劲有力,恰如一条竖立的龙,头上有瓶形角,圆目,张口,尾部向右上盘卷,生动传神。除了铭文中出现龙的形象,子龙鼎器身纹饰也有对龙的描绘,与铭文相呼应。颈部所饰饕餮纹,为大宽卷角,尾部下卷,爪后有长距,中间加饰瓶形角龙首,瓶形角与铭文中“龙”字上的一致。龙是中华民族的图腾,自古以来就是中华文明的标志，子龙鼎带有“龙”字的铭文和纹饰，为这一国之重器，增添了非凡的文化艺术魅力。

一、惊现日本

鼎是青铜文化的代表，也是中华文明的见证。然而子龙鼎首次公开面世，却是在远离故土的异域日本。2004 年 6 月，日本企业家千石唯司氏在大阪举办了一场名为《中国王朝之粹》的私人文物收藏展，展出的大多是中国珍贵文物，其中就有这件中国商代的青铜大鼎——子龙鼎，这是子龙鼎首次公开面世。展览同时出版图录《中国王朝之粹》，子龙鼎首列其中，为第一器。图录的日文说明中，言及此鼎有出土于河南辉县之可能性。

据传子龙鼎 20 世纪 20 年代出土于河南辉县，因当时中国面临内忧外患，战乱不断，子龙鼎出土不久，就被在中国专门从事文物贩卖活动的“山中株式会社”趁着战乱倒卖到日本，后为千石唯司氏收藏。在日本，子龙鼎曾在私人藏家之间有过秘密转让，但从未公开露面，销声匿迹近百年。

子龙鼎惊现日本的消息，立即引起国内专家学者的关注。中国著名的青铜器专家马承源、陈佩芬曾先后赶到日本查看，惊叹之余即有收购回国之想法。2005 年，国家文物部门工作人员赴日开展工作，日方得知我国有意追回子龙鼎，竟开出了创纪录的天价。当时因工作人员未见到实物，无法履行相关鉴定程序等多方因素，此事不得不暂时搁浅。

二、辗转香江

赴日的工作人员回国后，马上向国家文物鉴定委员会青铜专业组相关专家报告了子龙鼎的情况，并打算约请专家赴日鉴定实物，但一段时间后，却得知子龙鼎已运出日本，去向不明。

2005 年底，子龙鼎在香港露面，被香港一位文物收藏家购得。2005 年 12 月和 2006 年 1 月，中国国家文物信息咨询中心组织国家文物鉴定委员会委员李学勤、朱凤瀚、杨泓等奔赴香港，对子龙鼎进行实物鉴定；之后，又一一征求了国家文物鉴定委员会青铜专业组所有专业委员意见。专家们一致认定，子龙鼎是“商代青铜器罕有的珍品”，“商周青铜器中的瑰宝，国之重器”，“当列于国家重点珍贵文物”。子龙鼎遂进入“国家重点珍贵文物征集”项目之列。

三、回归祖国

按照国家重点珍贵文物征集工作程序，项目组成员在对子龙鼎进行了严格鉴定的基础上，与文物持有人进行了秘密的国家征集谈判。经过艰苦谈判，反复说明国家征集的重要意义，文物持有人最终同意以比报价低得多的价位将子龙鼎转让给祖国。2006 年 6 月，中国国家博物馆举办《文化遗产日特别展览》。在展览大厅入口处的展台上，摆放着一件硕大的青铜圆鼎，格外引人注目，它就是青铜国宝子龙鼎。借助这次展览，观众得以与其近距离接触。

文运与国运相牵，文脉与国脉相连。1840 年鸦片战争以后的中国，积贫积弱，许多青铜器遭遇了颠沛流离的命运。大盂鼎、大克鼎曾为避免日寇劫掠而被埋入地下，子龙鼎也历经浩劫。它曾在战乱动荡时流失海外，又辗转至中国香港，深藏罕现。它的回归，为近年来中国文物的回归，增添了浓墨重彩的一笔。

子龙鼎

父己方鼎

青铜鼎是夏商周三代重要的礼器，系从新石器时代陶制的三足鼎演变而来，以圆形居多，如子龙鼎，“海内三宝”之毛公鼎、大盂鼎、大克鼎，都是圆鼎。但目前出土最大的鼎却是方鼎，即重 800 多千克的后母戊鼎。再如较大的司母辛鼎等，也都是方鼎，说明方鼎在商代礼器中占有重要地位。

新乡市博物馆藏有一件商代晚期的父己方鼎，高 21.5 厘米，

父己方鼎

父己方鼎铭文拓片

口径 12.7 厘米 ×17 厘米，底径 14.5 厘米，重 2.67 千克，1950 年出土于河南安阳郊区，属国家一级文物。器口长方形，立耳厚实，折沿方唇，深腹下收，上部微侈，平底，四柱形足粗壮。腹上层以云雷纹打底，饰对称的两组四鸟高冠鸟纹，间以小扉棱相隔；腹左、右、下各饰三排乳钉纹，呈“凹”字形排列，中间填饰菱形勾连雷纹。器身转角及相应的柱形足上部均施高扉棱，足上部有兽面纹。内壁一侧铸有“父已”二字铭文。此鼎造型端庄稳重，比例适中，纹饰繁丽，多半浮雕且铸造精致细腻，为商代晚期精品。

鼎是青铜文化的代表，数量众多，形制多样。商代有圆鼎、方鼎、扁足鼎、鬲鼎等。这些鼎的大小、重量往往差别甚大，甚至相差几百倍。如后母戊鼎重 800 多千克，而馆藏的这件父已方鼎还不足 3 千克。

器以藏礼。按照商代用鼎制度，中、小型墓一般陪葬一或两件鼎；但王室的陵墓另当别论，如殷墟妇好墓出土方鼎、圆鼎、扁足鼎等30多件。西周的列鼎制度，表现等级秩序更为明显。天子九鼎、诸侯七鼎、大夫五鼎、元士三鼎或一鼎的用鼎制度表明，各级贵族在使用礼器的种类、数量上都有严格规定，种类和数量的多寡直接代表了贵族等级的高低。奴隶主贵族等级愈高，用鼎愈多，说明享受的肉食品种亦愈丰富。

方鼎在青铜器中所占的比例极低。从现有的考古资料看，整个商周时期，方鼎的出土数量也远比圆鼎少。从用途上讲，方鼎和圆鼎一样，都有“明尊卑，别上下”的功能。一般来说，圆鼎多用于烹煮肉食和宴飨，而方鼎则更多地出现在王室和贵族的祭祀典礼中，且多用于祭祀女性祖先，是商王或大贵族的重器。

父己方鼎铸造精致，纹饰多样，层次丰富，立体感强。上为写实的凤鸟纹，足部有充满幻想的兽面纹，腹饰粗犷的乳钉纹与精细的勾连雷纹。动物类纹饰与几何纹饰的完美结合，使这件器物既有商代青铜器威严凝重的一面，又少了些狞厉而多了点美。棱角、中线处和足部的高扉棱，掩盖了铸缝痕迹的同时增强了器身的装饰性，显示出殷商青铜礼器高超的铸造工艺和发达的装饰艺术。

春秋时，楚庄王曾向周定王的使臣王孙满问周鼎之大小、轻重，使得“问鼎”成为觊觎国家权力的代名词。王孙满语“（天下）在德不在鼎”，“周德虽衰，天命未改，鼎之轻重，未可问也”。自汉以来，至唐宋，吉金的出土都被视为国家祥瑞，甚至是国运昌祚的象征。人们赋予“鼎”字以显赫、尊贵、盛大等引申意义，一言九鼎、三足鼎立、问鼎中原、大名鼎鼎、鼎力相助等成语也流传至今。

附：

夔龙纹铜鼎

夔龙纹铜鼎，商代晚期，高 20.6 厘米，口径 15.7 厘米，腹径 16 厘米，1952 年出土于河南辉县褚邱，现藏于新乡市博物馆，属国家二级文物。鼎方唇，口微敛，立耳较高，圆底，三柱形足粗壮。颈饰三组带状夔龙纹，间以小扉棱相隔；腹部饰一周蝉纹，均以云雷纹衬底。内壁铸有铭文。整器造型端庄稳重，比例适中，纹饰精美细腻。

夔龙纹铜鼎

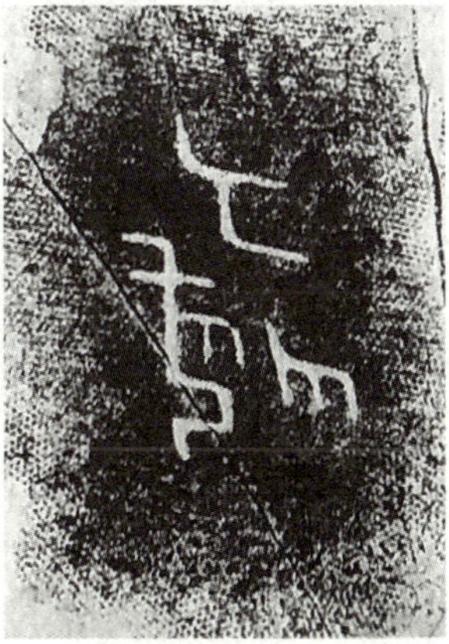

夔龙纹铜鼎铭文拓片

夔龙纹扁足鼎

夔龙纹扁足鼎，西周时期，高 16 厘米，口径 14.1 厘米，腹径 12.6 厘米，重 0.955 千克，现藏于新乡市博物馆，属国家二级文物。立耳，方唇，浅腹，圆底。腹饰三组由夔龙纹组成的兽面纹，间以小扉棱相隔。腹由三夔形扁足相托，扁足既薄又宽，且两面都有繁密而遒劲的夔龙纹。夔龙张口巨目，二角，一足，尾部上卷。器身花纹抽象而神秘，图案结构别致，造型设计巧妙，龙尾斜卷成落地的支撑点，使整器颇具稳定性。

夔龙纹扁足鼎

夔龙纹扁足鼎纹饰拓片

子 庚 簋

子庚簋，商代晚期，通高15.2厘米，口径19.4厘米，腹径18.3厘米，底径13.9厘米，重2.51千克，1952年出土于河南安阳，现藏于新乡市博物馆，属国家一级文物。

子庚簋因器内底铸有“子庚”二字而得名，造型敦厚稳重，侈口，束颈，鼓腹，圈足。器身的六条扉棱，随器壁曲线流转而纵贯器身。通体以云雷纹为地，腹部以兽面纹为主纹。口沿下饰短三角纹一周，颈部和圈足饰带状夔龙纹各三组。此外，颈部还等距离间隔铸有三个大耳浮雕兽首，夔龙纹以兽首为中心，左右四条夔龙，两两相对。整器近乎满工，利用深浅凹凸的浮雕，构成了富丽繁缛的“三层花”——主纹突出，地纹清晰，主次分明，细节精致，浮雕感强。

簋是商代新出现的铜器种类，对其后的周文化铜礼器产生了深远影响。其基本形态如同带有圈足的碗、盆，属饪食器，具体用途是盛放煮熟的黍、稷、稻、粱等饭食。商周时期，簋是重要的礼器。特别是西周，簋在数量、普及程度和礼制意义上都有极大发展，在礼器中的重要性更加突出。簋与鼎相配，成为基本的礼器组合模式。在祭祀、宴飨中，簋常以偶数组合，与奇数组合的鼎配合使用。天子九鼎八簋、诸侯七鼎六簋、大夫五鼎四簋、元士三鼎二簋的列鼎制度表明，以“鼎、簋”为核心的重食组合，取代了殷商以“觚、爵”为核心的重酒组合。

青铜簋最早出现于商文化二里冈期，但数量较少，在商代晚期前段数量逐渐增多，西周时期数量甚多。西周时期的青铜簋“在整个周文化铜礼器中的比例超过20%，是仅略低于鼎的第二大类铜器”。至战国，簋基本退出青铜礼器体系。

《周礼·地官·舍人》载:“凡祭祀,共簠簋。”郑玄注:“方曰簠，圆曰簋。”簠形口大而长方，簋形口敛而椭圆。但实际上，目前出土与传世之簋形制颇多，变化复杂，仅从耳部形态就可分为无耳簋、双耳簋、四耳簋，有的耳上还有垂珥。从足部特征又可分为圈足簋、方座簋、三足簋、四足簋。有的有盖，有的无盖。商代多为无耳篇中的鼓腹簋和有耳簋中的鋬耳簋两种类型。妇好墓出土的一批无耳簋，就是殷墟中期非常流行的式样。西周早期一般沿袭商式，中期有较大发展，式样繁多，晚期又趋于定型。

青铜簋器内底平坦，可铸较长铭文记事，目前发现百字以上铭文的就有召伯虎簋、师虎簋、班簋等。特别是西周时期，铭文内容丰富，大多记载作器的缘故，用来颂扬祖德、刻纪功烈、记述周王锡命、传遗子孙后代，具有书史性质。如记祭祀典礼的大丰簋、仲殷父簋，记征伐功绩的天亡簋、矢簋、令簋、郭伯簋，称扬先祖的邢侯簋、叔向父簋、番生簋。也有为获得赏赐而作器的，如友簋之赐牛、命簋之赐鹿、献簋之赐金车等。

还有记载土地交易的格柏簋、记载分封的宜侯夨簋等。

众多名器中，具有重大史料价值的当数 1976 年陕西临潼出土的利簋，其铭文所记武王克商、在牧野之战中获胜的史实，与《尚书》《逸周书》等先秦典籍完全吻合，特别是明确记载了牧野之战这一重大历史事件的具体日期，为商周两代的划分提供了重要依据，成为“夏商周断代工程”确定年代的珍贵物证。

子庚簋

子庚簋铭文拓片

附：

子庚簋

子庚簋，商代晚期，高 17 厘米，口径 17.6 厘米，重 1.92 千克，1952 年出土于河南辉县褚邱，现藏于新乡市博物馆，属国家三级文物。簋口部外侈，束颈，鼓腹，高圈足。颈部饰目雷纹一周，纹分四区，分别以中部前后两个浮雕兽首及双耳上部兽首为区界。两耳饰双角瑞兽，有珥。圈足饰两道弦纹。器外底有方格状铸痕，腹内底有铭文“[illegible]”。

[illegible]簋

[illegible]簋铭文

车　　簋

车簋，商代晚期，通高 14 厘米，口径 19.5 厘米，腹径 18.7 厘米，底径 14.4 厘米，重 1.48 千克，据传 1949 年前后出土于河南安阳郊区，现藏于新乡市博物馆，属国家二级文物。侈口，方唇，束颈，鼓腹，高圈足。颈饰带状夔龙纹三组，间饰三兽首；腹部饰瓦纹一周；圈足饰带状夔龙纹，并以扉棱间

车簋

车簋外底部纹饰

隔。外底部铸有四道阳弦纹组成的“井”字纹，中心饰一浮雕人面；内底凸起一块长方台，铸象形铭文，其中一字经识别为“车”。

兽面纹带盖铜簋

兽面纹带盖铜簋，商代晚期，通高 17 厘米，口径 12.6 厘米，腹径 16.7 厘米，底径 13.6 厘米，重 2.118 千克，现藏于新乡市博物馆，属国家二级文物。簋为鼓腹双耳圈足式，有盖，盖顶饰云雷纹、兽面纹，盖顶部把手处有两个方形孔。子母口，腹上部饰兽面纹，腹部微微鼓起，兽首双耳，下有长方珥，圈足较矮且外撇，整体造型庄重典雅。

兽面纹带盖铜簋

夨伯甗

夨伯甗，西周早期，通高 40 厘米，口径 25.8 厘米，重 5.98 千克，现藏于新乡市博物馆，属国家二级文物。甗为甑鬲连体，中间以箅相隔。上半部分甑高 23.5 厘米，下半部分鬲高 16.5 厘米。侈口卷沿方唇，两索状立耳微外倾，深腹束腰，柱形足。耳饰三道凹弦纹；甑饰一周细密兽面纹，纹饰较浅；鬲部每足对应腹上均饰浮雕牛角形兽面纹，硕大而醒目，简洁粗犷有力。腹内甑与鬲之间有一桃形铜箅相隔，箅上均匀分布五个“十”字形镂孔，用以通蒸汽。箅下铸有三个托箅的尖齿。箅还设计有两环：一环用于提放铜箅，方便向鬲中注水；另一环连接甗壁，相应壁外凸起一半球形乳钉。内壁口沿下铸五字铭文“夨伯作旅彝”。

此甗通体布满土锈，裆与足部皆有烟炱痕迹，应为实用器，后随器主埋入土下。结合铭文、形制及纹饰，可判为西周早期夨国之夨伯自作用器。

甗属炊器，具体用途是蒸煮食物。全器分为上、下两部分：上体用以盛放米谷或其他食物，称为甑；下为鬲，盛水后烧火煮水，产生蒸汽，蒸汽透过中间的箅来蒸熟甑内的食物。整体结构和功能类似现在的蒸锅。

《古史考》载，“黄帝作釜甑”，“始蒸谷为饭，烹谷为粥”。早在新石器时代，原始先民就已经意识到水的物理变化，学会了利用蒸汽来加工食物。考古发现，距今 6000 多年的西安半坡遗址就曾出土过陶甑，可以和陶罐、陶盖配套使用，来加工食物。早期的甗为陶制，长江下游的马家浜文化、山东龙山文化时期的陶甗，器形已相当精巧成熟。青铜甗出现于商代早期。考古发现,距今约 3500 年的二里冈文化上层出土有青铜甗，但为数较少，到商代晚期至西周早期数量增多。西周末至春秋初，甗是绝大多数殉葬铜礼器的墓中所必有之器。它和鼎、簋、豆、壶、盘、匜、盉组成一套随葬礼器，是“周人重食”祭祀特点的反映。秦汉之际出现铁制甗，东汉之后逐渐消亡。

相较于鼎、鬲等单体饪食器，甗是一种复合式炊器。器形有方、圆两大类，多为连体铸造。至于殷墟妇好墓出土的巨型

夨伯甗

夨伯甗内壁

三联青铜甗，仅属个例。春秋早期以后，生活中的实用甗，无论圆体还是方体，几乎全为分体式。目前出土的铜甗中，带有食物遗迹的并不多见。1984 年，在河南安阳殷墟王陵区西北冈的祭祀坑内，曾出土一件青铜甗，里面赫然放置着一个人头。

甗是我国古代劳动人民在长期的生活实践中发明创造的一种重要炊器。它的出现，结束了人类只能吃烧烤和水煮食物的历史，使蒸成为与火烤、水煮并列的中国早期烹饪方法。从流食到干饭的嬗变，调节了人们的饮食结构，开启了人类饮食史的新篇章，也使利用蒸汽加工食物成为中华饮食文化的重要特征之一。

礼乐文化的代表

——编钟

钟是先秦打击乐器的主要种类，由商代的铜铙演化而来，带钮或杆悬挂装置，状如合瓦。演奏时，将钟悬挂在钟架上，以木槌敲击。将若干个大小不等的钟按大小次序、一定音阶排列组合在一起，悬挂在钟架上，如此由多件编悬于架上的钟组成的击奏体鸣乐器即为编钟。

钟体形硕大，体重质优，纹饰精美，其各个部位都有专名。如钟的正中央区称为“钲”，两边凸起的乳钉称为“枚”，枚的上下间隔区域称为“篆”,两侧边称为“铣”,顶部平台称为“舞”。悬挂钟体的柄形物称为“甬”，甬的顶端称为“衡”。中段凸起的部分称为“旋”，旋上用以悬挂钟钩的孔称为“干”。其中，枚和钲占据了钟面的大部分位置。

根据形制上的不同，青铜钟可分为甬钟、钮钟、镈钟。钟体顶（即舞部）上为立筒管形甬、斜挂的钟称为甬钟，钟体顶上为立桥形钮、直悬的钟称为钮钟。镈钟也称镈，总体形态与钮钟相同，细部略有差异，底为平口。镈形体特大，是用以指挥乐队的节奏性乐器，盛行于春秋战国时期，是贵族在祭祀、宴飨时，与编钟、编磬相和使用的乐器。甬钟、钮钟、镈钟如何区分，简而言之：下缘呈直线的名为“镈”，呈弧线的名为“钟”；钟顶上有环形、用以悬挂的称作“钮钟”，有柱形附环的则称作“甬钟”。

编钟是周代礼乐制度的重要物化载体。早在西周建立初期，周公旦就对从远古到殷商的礼乐进行了大规模的整理、改造，“施于金石，越于声音，用于宗庙社稷，事于山川鬼神”，使其成为系统化的社会典章制度和行为规范，这就是历史上的“周公制礼作乐”。礼乐文化成为当时国家政治制度和社会政治伦理的标准，并为后世所继承和发展。

周代以礼乐治理国家，礼乐制度具体分为礼和乐两个部分。礼主要是对人的身份进行划分和规范，最终形成等级制度；乐主要是基于礼，运用音乐来缓解社会矛盾。即用礼治理国家，以乐教化民众。作为周代礼乐文化的重器，编钟最早出现于西周，是当时贵族在宗庙祭祀、宴飨等活动中普遍使用的具有标明身份等级作用的乐器。西周早期，一般三件一组，到西周中晚期逐渐扩大到八件一组。春秋中期以后，数量已增至9或9的倍数。1978年，湖北随县（今随州）曾侯乙墓出土战国早期一套65件大型编钟，更是震撼了世界考古界。

编钟之制，春秋为盛。编钟和青铜鼎一样，都是身份等级的象征，也是东周贵族统治阶级陪葬的重要青铜器类别，在使用数量、种类上，都有严格的规定。考古学家郭宝钧先生讲：“礼、乐、兵、车四者，是当时（东周）统治阶级厚葬的四大属类。其中主要的是礼乐二类，鼎必成列，钟磬必成编。”“左师每食击钟。闻钟声，公曰：‘夫子将食。’既食，又奏”（《左传·哀公十四年》），描绘的就是钟鸣鼎食的场面。

附：

蟠螭纹钮钟

蟠螭纹钮钟，东周时期，一组九件，形制相同，大小相次，通高从 21.1 厘米至 11.5 厘米不等，1936 年出土于河南辉县琉璃阁甲墓，现藏于北京故宫博物院。

钟体呈合瓦形。舞上有桥形单钮，钲部有螺旋状枚。弧口，两铣尖锐。舞部与两鼓部饰蟠螭纹，钲部与篆间有凸起的绳索纹边框，内饰蟠虺纹。

蟠螭纹钮钟

蟠龙纹镈

蟠龙纹镈，东周时期，1936年出土于河南辉县琉璃阁甲墓，现藏于北京故宫博物院。一组三件，形制、纹饰相同，大小递减。三镈分别通高61.4厘米、61.3厘米、56.3厘米，铣间41.3厘米、39.5厘米、36.3厘米，重34千克、31千克、30千克。

镈呈合瓦形，平口。舞上有顾首曲体的龙形复钮；钲部两面有蟠龙状枚，龙首眉目清晰。舞部、篆间与鼓部由粗细不同的蟠螭纹装饰，两铣与鼓部有调音留下的锉磨痕迹。此套编镈形体巨大而不笨拙，厚重中寓精巧，威严中寓柔美，是铜镈中组合完美之器。

蟠龙纹镈

第二节　礼乐攻伐

君子之兵

——吴王夫差剑

吴王夫差剑，春秋时期吴国铸造的青铜兵器，全长 59.1 厘米，剑身宽 5 厘米，1976 年出土于河南辉县，现藏于中国国家博物馆。剑首圆盘形，剑茎圆柱形，中有两道凸箍，剑镡饰嵌绿松石兽面纹。剑身细长，前窄后宽，饰菱形暗花纹，中缝隆脊有棱，近锋处收狭，前锋锋利，剑锷锐利。近镡处有两行十字篆书铭文“攻吾王夫差自作其元用”，字体工整纤细。

剑属短兵器，在古文献中被称为“直兵”，以直刺为主，适用于近战。《墨子·节用》：“为刺则入，击则断，旁击而不折，此剑之利也。”“旁击”即劈斩，故剑是一种既能击刺又可劈斩的武器。剑一般由剑身和剑把两部分组成，具体到每个部位又有其专名。如剑把部分圆形或扁形的把手称作“剑茎”，茎末端圆形内凹的部分称作“剑首”，绕在剑茎上的绳称为“缑”。剑身与剑茎之间呈“凹”字形或条形、起护手作用的部位，称为“剑镡”或“剑格”。剑通常都配有剑鞘，随身佩带以备不时之需。它进可攻退可守，非常符合儒家的中庸之道，因此也被称为“君子之兵”。

青铜剑在商代晚期已有发现，早期的剑较短，多在30厘米左右，只可用于前刺，功能近于后世的匕首。冷兵器时代，“一寸短，一寸险；一寸长，一寸强”，短一分就多一分危险，故西周晚期以后，剑有所加长。但长度增加的同时，剑身却不能铸得过厚，因为过厚导致重量增加，不便单手使用。两周时期，青铜剑的长度通常为40—60厘米；春秋时期，多在50厘米以上。至秦，剑的长度更是增加到了极限，陕西临潼秦始皇陵兵马俑坑出土的青铜剑，长度多为81—94.8厘米。但太长则不易从剑鞘拔出，危急时刻甚至会因此丧命。荆轲刺秦王时，秦王嬴政拔剑自卫，结果就是因为佩剑太长，三次都未能拔出，险些送命。

东周时期征战频繁，对兵器改进有着强烈的现实需要。吴越地处东南，受地理环境制约不适合车战，故非常重视发展适于步兵和水兵使用的剑，铸剑水平远超中原诸国，出现了干将、莫邪等铸剑大师。《荀子·强国》：“刑范正，金锡美，工冶巧，火齐得，剖刑而莫邪已。”《战国策·赵策》称，吴越之剑“肉试则断牛马，金试则截盘匜”。其冶铸淬炼之精，合金技术之巧，坚韧锋利秀美，皆世所罕见，在春秋晚期就已闻名遐迩，备受中原各国贵族喜爱，代表了先秦兵器乃至青铜器铸造工艺的最高水平。

春秋时期多为含锡或含锡铅的青铜复合剑，其铸造的复杂程度远高于同时期的青铜食器、酒器，主要体现在合金工艺上。青铜剑的坚韧与锋利，同铜锡的合金比例有绝对关系：锡少则剑太软，太软易卷刃；锡多则剑太脆，太脆易折断。因此在铸造时，采用二次浇铸工艺。先用含锡量较低、韧性较好的铜合金铸造剑脊和剑茎，有的还采用铁芯，以防剑身折断；锋刃用含锡量高的青铜合金增加硬度，以提高杀伤力；剑镡则采用含铜锡铅的三元合金，以铸出精细花纹。脊部和刃部不同的铜锡配比，保证了剑脊的坚韧和双刃的锋利，使铜剑刚柔相济，横击不断。

随着冶铁技术的发达与普及，钢铁远较青铜坚韧和锐利，可以打造长度超过一米的长剑，剑身窄而薄，优势更加明显。因此汉代铁剑流行后，青铜剑逐渐被取代。随着与北方游牧民族作战增多，为适应骑兵在马上挥砍的需要，厚脊的单刃刀在战场上逐渐取代了双刃剑。东汉以后，铁刀成为短兵器的主流。

青铜剑本是用于作战和防身的兵器，然在中国历史上，其意义却又超出了军事领域，进入更广阔的文化空间。佩剑是古代礼仪中的重要部分，在西周早期已流行，春秋战国时期，好剑之风盛行。《孔子集语》载，孔子问子路“汝何好”，子路答曰“好长剑”。《礼记·少仪》载，“观君子之衣服、服剑、乘马、弗贯”。佩剑与佩玉成为君子的象征，正所谓“君子佩剑，以彰其德”。《晋书·舆服志》：“汉制，自天子至于百官，无不佩剑。”

青铜剑自东汉退出实战兵器行列后，其非兵器属性更加突出，衣冠带剑成为一种仪饰，表示等级身份，象征权力地位，进而上升为一种精神符号，用来抒发凌云壮志或表现尚武英姿，其流风余韵几乎绵延于整个封建时代。楚人刻舟求剑，季札赠剑徐君，项庄舞剑、意在沛公，祖逖闻鸡起舞，李白少年习剑，“仗剑去国，辞亲远游”，李贺“男儿何不带吴钩，收取关山五十州”等，与剑有关的成语、典故、诗词，更是脍炙人口。明代士人多置剑于书斋，书剑并举，将剑人格化，认为可以“壮怀志勇”。尚方宝剑更是至高无上皇权的象征。

青铜剑在商周时期曾大量铸造，然君王级别的并不多见。吴王夫差剑目前共发现九柄，形制、铭文大体相同，出土地点不一。夫差于公元前 495 年即位，在位 22 年，是吴国最强大时期的君王，也是颇具传奇色彩的历史人物之一。他与美女西施、越王勾践的爱恨情仇，千百年来为世人所津津乐道。夫差曾在公元前 482 年北上中原，大会诸侯于黄池（今河南封丘西南），与晋争做盟主，称霸一时，公元前 473 年被越灭国后自杀。此剑正出于远离吴国本土的中原，或是当年会盟礼赠赏赐，或是战争掠夺，已无从考证，但确是春秋战国几百年充满刀光剑影历史的一个缩影。后来，越国正是继承并改进了吴国先进的技术，从而铸造出了更加精湛、堪称巅峰的越王勾践剑。

吴王夫差剑

附：

金柄铜剑

金柄铜剑，东周时期，通长31厘米，1936年出土于河南辉县琉璃阁甲墓，现藏于台北历史博物馆。茎与首皆金质。格饰兽面纹，茎作螺旋状纹，首椭圆形，饰蟠螭纹，中空，边缘饰三角云纹。

金柄铜剑

金柄铜剑剑格纹饰

金柄铜剑剑首纹饰

圆茎圆首剑

圆茎圆首剑，战国时期，通长47厘米，剑身宽5.2厘米，重0.664千克，1952年出土于河南汲县山彪，现藏于新乡市博物馆，属国家二级文物。圆盘形剑首，圆茎，三角形剑格，首格之间的茎上有两道圆箍，剑身中脊起棱，两侧出刃，前端聚成尖锋。

圆茎圆首剑

汉代铁剑

汉代铁剑，通长112厘米，柄长14.9厘米，厚2.2厘米，重0.66千克，1951年出土于河南新乡杨岗，现藏于新乡市博物馆，属国家三级文物。

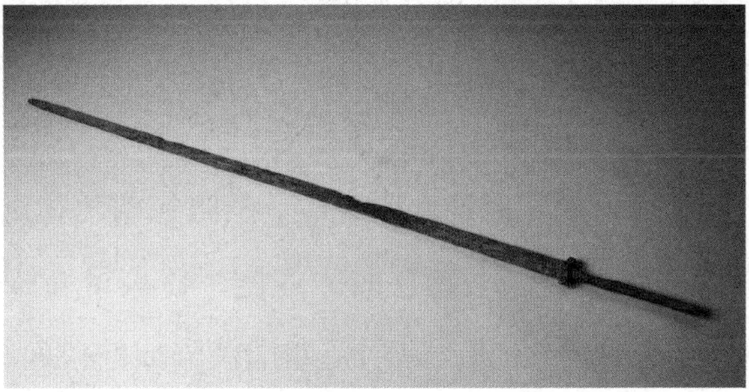

汉代铁剑

子　觚

青铜觚是三代礼器中的酒器，基本造型为侈口、长身、细腰，底部和口部皆为喇叭状，盛行于商代，西周早期已经很少见，西周中期完全消失。新乡市博物馆藏有一对商代晚期的青铜觚，形制、纹饰、铭文基本相同，因圈足内壁铸有铭文“子”，故名“子觚”。

子觚通高 35 厘米，口径 17 厘米，腹径 4.4 厘米，底径 9 厘米，重 1.18 千克，1952 年出土于河南辉县褚邱，属国家一级文物。大喇叭口，长颈，束腰，细身，直腹，平底，喇叭状高圈足。腹、足各有四条扉棱，腹下有两个细小对称的“十”字形镂孔，器底在器身通高 2/3 处。

子觚通体纹饰，简约精美，整器没有地纹，以蕉叶纹和兽面纹为主纹，器身从上至下共有宽窄不等六层花纹。第一层为口下的蕉叶纹，简洁修长，占器身近一半。第二层纹饰较窄，在颈腹之间，有一周相对的凸眼蛇纹，凸眼蛇两两相对共四条，蛇首突出，双眼醒目，上翘卷曲的蛇尾，铸刻得夸张又生动。第三层在中心位置的腹部，以两组四扉棱隔成的兽面纹为主体纹饰。第四层在腹与足之间，饰两道弦纹，两道弦纹之间还有两个细小对称的“十”字形镂孔，区分出了器身与器底。第六层纹饰位于喇叭状高圈足上，亦为带扉棱的兽面纹，兽面纹上部还饰有一周两组对称的夔龙纹，是为第五组纹饰。整器颈、腹、足三段分明，优美雅致，古朴清秀。

觚为饮酒器。《说文解字》：“觚，乡饮酒之爵也；一曰：觞受三升者谓之觚。”《论衡·语增》：“文王饮酒千钟，孔子百觚。”从觚本身的造型来看，早期觚体粗短，做饮器较为适宜。但到了商代晚期，觚体变得细长，喇叭状的口又极大，如用来饮酒，很容易使酒洒出来。容庚先生语，“腹小口侈，饮时易四溢”。所以，另有观点认为，觚作为礼器的功能更加明显。

青铜觚是商文化中最具特色的礼器。裴骃《史记集解》引马融注：“觚，礼器也。”《周礼 · 冬官 · 考工记》：“爵一升，觚三升。献以爵而酬以觚。”觚爵组合，是商代最基本的青铜礼器组合，尤其是到商代晚期，以觚爵组合最为常见，是反映商代人等级地位最为直观的器物。

从目前传世和出土的实物来看，早期觚多粗体无棱，而商晚期觚体变得细长，多数器身带有扉棱。孔子曾叹：“觚不觚，觚哉！觚哉！”(《论语 · 雍也篇》)何晏《论语集解》释曰：“以喻为政不得其道，则不成。”觚又有棱角之意，朱熹《四书章句集注》：“觚，棱也，或曰酒器，或曰木简，皆器之有棱者也。不觚者，盖当时失其制而不为棱也。……程子曰：‘觚而失其形制，则非觚也。举一器，而天下之物莫不皆然……’”

商代青铜器以纹饰为重，铭文简短，多铸在器物隐蔽部位，如鼎、簋、斝的内壁或内底，觚的圈足内壁，爵的鋬下，尊的器口里，觯的盖内等。子觚的铭文“子”就铸于器底圈足内壁。《史记·殷本纪》曰，“契为子姓”。商代始祖契，因佐禹治水有功，被帝舜“封于商，赐姓子氏”。“子”既可以是“以国为姓”的商王姓氏，也可指一个具体的方国名、族氏名。此外，商代已经有侯、伯、子、男等爵位，故“子”还可以是爵称。

作为子觚出土地的辉县，在商代属畿内之地，是商王族控制的中心区域。铭文“子”，是标识器主的族氏。有商一代，氏族是主要的社会组织形式。研究表明，商代氏族在200个以上。这些氏族的史料，常见于甲骨卜辞，亦有见于史书记载，间有闻于经传诸子传说。而这些商代人所使用的青铜器和铸于器身的铭文，可与历史文献记载相互印证，是运用“二重证据法”研究商代社会的珍贵实物史料。

子觚

子觚铭文拓片

止　斝

“殷人重酒，周人重食”，商代青铜礼器以酒器居多，觚、爵、斝、尊、卣、觯等，种类众多，是商代朝野嗜酒习俗的反映。青铜斝就是盛行于这一时期的盛酒礼器，由新石器时代陶斝发展而来，基本造型为侈口，口沿有柱，宽身，下有长足。器身有圆形、方形两种，以圆形居多，有的有盖。作为礼器，斝用于盛酒或温酒，常与觚、爵等组合成套，在祭祀祖先神灵、宴请宾客等重大仪式中使用。

止斝，商代晚期，通高 44.7 厘米，口径 20.7 厘米，腹径 15.4 厘米，1954 年出土于河南安阳，现藏于新乡市博物馆，属国家一级文物。侈口，粗颈，平底微鼓，三足呈三棱锥状，腹壁有一半环形扁鋬。口沿上有对称铸造的方塔形立柱，柱顶上小下张，顶面微凸，形状似帽，亦有称之为伞形柱。整器高大，胎壁厚实，纹饰繁密，铸造精美，给人以庄严凝重之感。器内底部铸有铭文“止”，故名“止斝”。

殷人受审美观念影响，追求神秘和繁缛。商代很多青铜器的表面布满了奇异的纹饰，其中庄严凝重、狞厉神秘的兽面纹占据统治地位。这件止斝即为这一时期的典型器物，通体纹饰，近乎满工，从柱顶到足尖，均以云雷纹为地，不留任何空隙，极其细致繁密。柱顶凸面上有圆涡纹，亦有论著称之为“火纹”或“冏纹”。伞身饰三角纹和云雷纹。颈部饰蝉纹一周。腹部以兽面纹为主，有扉棱五条，中间有一凹槽，上下均为兽面纹。三个三棱锥足修长，内侧素面有槽，外侧面是通体云雷纹构成的三角纹。两腰略呈弧形，颇似叶状。

王国维先生曰：“书契之用，自刻画始。金石也，甲骨也，竹木也，三者不知孰为后先，而以竹木之用为最广。”商代早期之后，青铜器上开始出现文字，一般只有几个字，象形程度高。发展到商代晚期，青铜器胎壁变厚，花纹日趋繁缛，器种增多，但铭文仍很简短。直至殷末，都未有超过五十字的，数十字以上的铭文也仅有几例。总体来说，整个商代的铭文都很简洁。有的只记器主的族氏或名字，如“戈”“子”“妇好”；有的记所祭祀先人的称号，如“祖甲”“祖辛”“父乙”。这些简短的铭文，采用汉字“近取诸身，远取诸物”“依类象形”的造字方式，每每写得都很象形，保存了原始象形文字的显著特征。比如“象”字很像站立的象，有翘起的长鼻；“鱼”字清楚地表现出鳞、鳍等。这件青铜斝也有类似的铭文，在器物的内底部铸有两对脚丫，一前一后，两两相并，前面一对脚丫还用圆圈圈住。古文字中，“止”通“趾”，本义为足，《说文解字》记载“以止为足”，故此铭文应为“趾”的象形字，即脚趾。在前对脚丫外沿加上一圈，画地为牢，使该字生义为“停止”，有止步之意，称其为“止斝”，非常形象。

斝器形高大，容量也大，不能用来直接饮酒，一般认为它是盛酒以行祼礼的用具，兼有温酒之功用。《周礼·春官·司尊彝》:“秋尝，冬烝，祼用斝彝、黄彝。”据马承源先生的说法，斝是“灌酌酒的专用器”，专用于祼礼中灌酒，一般在中等以上贵族墓中才会出现。“酒以成礼”，商周青铜礼器也反映出较明显的等级关系。花纹覆盖面的多少、精致程度高低和有无扉棱等，都反映出器物的等级差别。这件止斝有扉棱五条，纹饰也有六种之多，从口沿上看，胎壁十分厚实。整体铸造精美，在商代出土的青铜斝中，这件止斝可以说是顶尖级别的器物。

止斝

止斝铭文拓片

祖 辛 卣

祖辛卣，商代晚期，通高25.5厘米，口径10.6厘米×9.2厘米，重3千克，1965年出土于河南辉县褚邱，为当地农民在耕地时犁出。它曾是新乡市博物馆的镇馆之宝，1997年河南博物院新馆落成后，被调拨至河南博物院。

整器平面呈椭圆形，纵提梁，有盖，子母口，直颈，斜肩，鼓腹，圆底，高圈足。盖作屋形，顶设菌状钮，盖折边两侧出对称翘耳。由盖至足有扉棱四条，通体铸多层纹饰，以云雷纹为地纹、凤鸟纹为主纹，间饰蝉纹、夔龙纹、瓦楞纹。盖顶钮分六瓣，每瓣均装饰蝉纹。器盖折边的两翘耳上亦饰蝉纹，与钮上蝉纹大小呼应。盖顶四条扉棱间各饰一只大凤鸟，凤鸟两两相对。盖折边和圈足饰长尾凤鸟纹，蜿蜒简略。颈饰带状夔龙纹，下有瓦楞纹一周。器身主纹位于腹部，饰八只半浮雕立鸟纹，头顶尖冠，鸟眼凸起，颈后有弯而上翘的大角，鸟身斜面凸起，形象地展现出羽毛的层次，鸟腿粗壮有力，鸟爪四张。提梁呈扁平状，外侧装饰头向中心的夔龙纹，内侧装饰环带纹，两端各有一张口衔环的立体犄角兽首。盖内和器内底铸有“祖辛”二字铭文，器外底饰网格纹。

祖辛卣造型庄重，纹饰华丽，构图规整，布局有序，共有宽窄不一、大小不等的凤鸟纹四周，层次分明，繁密有致，于统一中寓变化，繁复华丽而不琐碎冗杂。全器未见商代占主流地位的兽面纹，而是以凤鸟纹为主，更显精美瑰丽，给人以神秘威严之感。局部有漂亮的红色氧化层，旧时古玩界称之为“枣皮红”，红斑绿锈，尽显岁月沉淀之美。

青铜卣有横置提梁卣和纵置提梁卣之分。前者的提梁设在器身左右两侧，纹饰以提梁为界，分前后两个中心。后者的盖沿多有附耳，为避开伸出的两耳，提梁须置于器身前后，纹饰多分前后左右四个中心。相比之下，纵置提梁卣的纹饰要更为精美繁复。祖辛卣提梁即为纵置型，即以四条扉棱为中心，两条扉棱间均构成一个独立的纹饰带，无论从哪一条扉棱看，看到的都是以其为中心的对称纹饰。

卣为盛酒器，是商文化中重要的祭祀礼器，具体用途是专盛鬯酒，用以祭祀鬼神或先祖，甲骨刻辞中多有“鬯一卣”“鬯五卣”等记载。鬯酒又名“秬鬯”，秬是黑黍，《尔雅·释草》:“秬，黑黍。”《说文解字》:“鬯，以秬酿郁草，芬芳攸服，以降神也。”以黑黍酿郁金草而成的香酒称为秬鬯。在商代，醴是淡酒，鬯为香酒。古人认为，神虽不饮食，却喜欢嗅香味。以香气飨神称为歆。《礼记·郊特牲》:“周人尚臭，灌用鬯臭，郁合鬯，臭阴达于渊泉。”元代陈澔注曰:“先酌鬯酒，灌地以求神，以鬯之有芳气也。”《尚书正义》:“芬芳馨气，动于神明。”鬯酒蒸发出来的味道浓烈，鬼神乐于享用其“芬芳条畅”之气，故鬯酒是降神的佳酿。

西周时期，满盛秬鬯的卣多用于赏赐。传世文献和西周金文中屡见“赐鬯”记载。《诗经·大雅·江汉》：“釐尔圭瓒，秬鬯一卣。”《尚书·洛诰》：“予以秬鬯二卣。”大盂鼎、宜侯夨簋、毛公鼎、师询簋、冉盨等器，均有“锡汝鬯一卣”“锡汝秬鬯一卣”等铭。就目前发现的材料来看，赏赐者和受赏者身份都比较高，多是周王室成员及上层贵族，或有功诸侯、重臣。2007 年，山西翼城大河口西周墓地 1 号大墓出土燕侯旨卣，器内有铭“燕侯旨作姑妹宝尊彝”，系燕侯旨为其小姑燕国公主出嫁霸国特意铸造的陪嫁媵器。出土时，卣内有斗、觯、罐共七件小型酒器，表明此时的卣或许已不再是单纯的祭器，很可能是实用器。

卣无自名，古籍中对于卣是何种器形，也从未有过具体记载。卣有扁圆体、筒形、方形和鸟兽形四类，器形微别于壶、罍，容量在尊、罍之间。其定名始于宋人，系约定俗成，沿用至今仍无易其说，但在对具体实物定名上至今仍有分歧。如少数观点认为，称作卣的器物，就是彝器中的觥或鸟兽尊。特别是卣在外形上与带提梁的壶类似，二者界定困难，往往会相混淆。

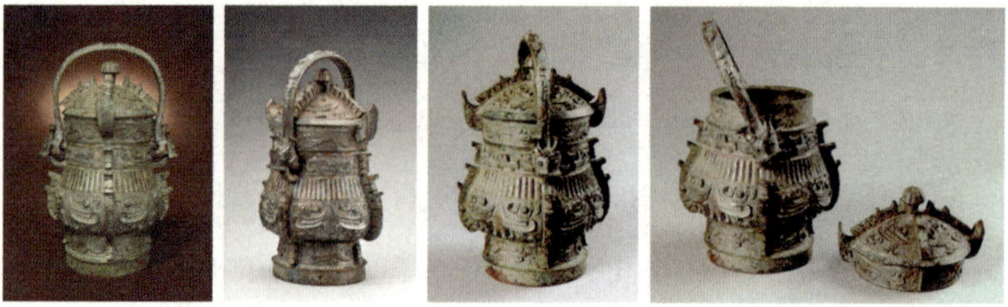

祖辛卣

许多专家也从细部特征、使用功能、组合关系等角度提出区分标准。如陈梦家先生认为“提梁为卣，贯耳为壶”，其他学者有“长颈为壶,短颈为卣”,“母口承子盖为壶,母盖承子口为卣”(即内插式盖为壶，外扣式盖为卣)等观点，目前仍存在探讨空间。

作为等级较高的酒器，卣盛行于商末周初，主要功能是祭祀。“周人尊礼尚施，事鬼敬神而远之”(《礼记·表记》)，在这种观念的影响下，卣逐渐被同为盛酒器的壶所替代，从而退出历史舞台。

三鸟铜尊

尊是商周青铜礼器中的重要器类，盛行于商代晚期至西周中期。考古发掘常见其与觚、爵、斝组合成一套完整的酒礼器，出现于商代后期的大型或中型墓葬中。商末至西周早中期，尊还常与卣匹配，成为等级较高的贵族铜器组合中不可或缺的酒器。

三鸟铜尊，商代晚期，通高 16 厘米，口径 20 厘米，腹径 15.4 厘米，底径 12.5 厘米，重 2.47 千克，1952 年出土于河南辉县褚邱，现藏于新乡市博物馆，属国家一级文物。矮体折肩式，颈、腹、足均较低。喇叭形大敞口，宽肩，鼓腹，腹壁圆曲，向底部内收，圈足。颈饰弦纹，宽折肩处饰变形龙纹一周，并等距铸有三只高浮雕卧鸟。鸟头部有羽冠，双眼圆鼓似豆，喙呈勾回状，硕大而夸张，颈、腹、背部有线条刻画作羽毛状纹饰。自肩下折为腹，上饰三组兽面纹。圈足上侧均匀分布三个镂孔，下饰一周双体龙纹，龙首正面居中，躯干向两侧展开。整器铜质精良，铸造精美，比例协调，典雅庄重。特别是肩部卧鸟，为立体附饰，一次浇铸显然不能完成，系采用分铸技术事先铸出，再与器身铸接到一起。其与器身衔接紧密，完美融合。

“尊”有专名与共名之分。商周青铜礼器中的酒器食器，金文泛称为“尊彝”，这是对礼器的统称，乃祭祀礼器之共名或泛名，而非某种器物的专名。目前尚未见以“尊”为专名自称的铜器，今所称之为“尊”的器物，乃沿用宋人定名，约定俗成，专指大型或中型盛酒器。按形体，粗略可分为有肩大口尊、觚形尊、鸟兽尊三类，细分又有圆尊、方尊、有鋬尊等。至于仿生动物型的鸟兽尊，珍禽异兽，飞鸟游鱼，更是名目繁多，形态各异。著名者有“宅兹中国”的何尊、四羊方尊、浑源牺尊、妇好鸮尊、晋侯鸟尊等，它们都是各大博物馆镇馆之宝级别的器物。

尊是商周祭祀时重要的礼器,《周礼·春官·司尊彝》记载有“六尊六彝”，其中“六尊”为“献尊、象尊、著尊、壶尊、大尊、山尊”。在甲骨文、金文中,“尊”字写作双手奉酉形,“酉”通“酒”，高举双手敬酒，表示进献之意。故“尊”又引申出“尊敬”“尊贵”“尊重”之意。

“殷人重酒，周人重食。”商代酒风兴盛，酒具繁多。相较于觚、爵、斝、觯等器，尊的口部较大，体量也大，能盛更多的酒。末代商王帝辛好酒淫乐，慢于鬼神，“以酒为池，悬肉为林”，“为长夜之饮”。纣王的暴虐荒淫，引发周武王率天下诸侯前去讨伐。在牧野之战中，纣王兵败，登鹿台赴火而死。后来，周人甚至把商代亡国的原因之一，归结为嗜酒无度；并有鉴于此，发布了中国最早的禁酒令——《酒诰》，严格限制饮酒,规定王公诸侯非礼不准饮酒,只有祭祀时才能饮酒。因此,西周中期以后，青铜尊大为减少，春秋后期已经少见，至西汉在全国范围内消亡。

时至今日，三代礼器早已退出历史舞台，有些专用器名甚至成了不易识别的生僻字。唯有尊（通“樽”），却一直作为盛酒之器或酒杯的代称，常出现在文人骚客的吟咏中：“金樽清酒斗十千，玉盘珍羞直万钱”“多情却似总无情，唯觉樽前笑不成”“人生得意须尽欢，莫使金樽空对月”……

三鸟铜尊

三鸟铜尊肩部卧鸟

卫父己觯

卫父己觯，商代晚期，通高 17.4 厘米，口径 9.3 厘米 ×7.6 厘米，重 0.98 千克，20 世纪 50 年代初出土于河南安阳，现藏于新乡市博物馆，属国家一级文物。扁圆体，侈口，束颈，腹微鼓，圈足，有盖。盖微鼓，顶置一菌状柱，上饰涡纹。盖面以柱为中心对称饰有两组兽面纹，颈和足饰两组形态不同的带状夔龙纹，腹饰两组兽面纹。此器造型庄重，通体只有兽面纹和夔龙纹两种纹饰，装饰手法也不同于当时流行的繁缛精细的“三层花”。整器没有地纹，只有深沉凸出的高浮雕主纹，故而显得十分粗犷醒目，给人以威严凝重之感。盖内铸“卫父己”三字铭文。

兽面纹旧称饕餮纹。《吕氏春秋 · 先识览》:“周鼎著饕餮，有首无身，食人未咽，害及其身，以言报更也。”宋人据此将青铜器上表现兽的头部或以兽的头部为主的纹饰都称为饕餮纹，后多沿用之。近世学者多用表述更为准确的“兽面纹”。在几乎整个商代和西周早期，兽面纹都在青铜器纹饰中占据着统治地位，广泛装饰于器物的腹、肩、足、盖等显著部位，是“地位最显赫、涵义最神秘、结构最成熟的纹饰”，而与之同时代的其他纹饰则总是处于陪衬或附属地位。商代中期，兽面纹的主体部分开始出现较多的浮雕，有的凸出部分已有一定厚度。

《说文解字》:“觯，乡饮酒角也。”觯为小而圆的饮酒之杯，大多有盖，基本造型为侈口、束颈、深腹、圈足。器形多为椭圆或圆形，极个别为方形。觯又是重要的青铜礼器。《礼记·礼器》:“宗庙之祭，贵者献以爵，贱者献以散；尊者举觯，卑者举角。”商代酒器众多，爵、觚、斝、角、觥等不同类别如何区分，除造型外，容量也是重要的辨别标准。郑玄注曰:“一升曰爵，二升曰觚，三升曰觯，四升曰角，五升曰散。”《韩诗外传》亦有此说。郑樵《通志·器服略第一·尊彝爵觯之制》:“爵与觯皆饮器，觯大而爵小。”可知觯比爵和觚略大，但使用的普遍程度和数量远不及后二者。

青铜觯初见于商代晚期，为殷人首先使用并大量流行，是殷人尚酒的产物。商王朝灭亡后，青铜觯仍大量流行于殷遗民中，一部分周人受到影响也开始使用，故西周早期亦较为常见，基本取代了觚的地位，一直沿用至东周。但西周早期青铜觯与商代青铜觯相比，风格开始简朴化，带盖觯大量减少，无论是制作工艺还是纹饰装饰，都不似商代青铜觯精致奢华。外形通常是筒装小杯状，矮而垂腹，也有细长觚状的，线条流畅优美。

青铜觯流行时间不长，数量也并不算多，一般发现于出土铜礼器较多的墓葬中，单位数量以 1 件居多，多也不过两三件。如妇好墓出土铜器 460 余件，其中觚 53 件、爵 40 件，但觯只有 2 件。商代晚期，青铜觯分布地域主要集中在河南及关中地区，安阳是流行的中心区域。殷墟出土的青铜觯，不仅数量最多而且铸造精美，满足了殷人饮酒及祭祀的需要。《礼记·表记》:“殷人尊神，率民以事神，先鬼而后礼。”在许多场合，礼器往往又是祭器，通过祭祀活动体现礼制。卫父己觯记录了祭祀者的族氏与祖先称号，“卫”是作器者的族氏，“父己”是所祭祀之祖先，铭文表示此器是“卫”族为“父己”制作的祭器。

卫父己觯

卫父己觯铭文拓片

第三节　壶鉴华美

水陆攻战纹铜鉴

壶与鉴是东周以来较为崇尚的青铜器类，多呈偶数出现，且壶多于鉴，大都器形华美。水陆攻战纹铜鉴，1935 年在河南汲县山彪镇战国墓地 1 号大墓中发掘出土，共一对，现藏于台湾“中研院”历史语言研究所。其中一件通高 30.1 厘米，口径 54.5 厘米，底径 29.1 厘米。另一件大小、形制、纹饰基本相同。鉴大口曲壁，口沿外折，平沿方唇，折肩斜腹，平底圈足。器壁上铸有四只对称的铺首衔环耳，兽面立雕，环扁圆，上饰斜角云雷纹。器身颈和腹上有紫色金属（即紫金，为纯度较高的红铜）镶嵌的纹饰，反映的为水陆攻战场面。纹饰分三层排列，其间以两道斜角云雷纹带界之，圈足饰菱形纹、柿蒂纹相间组成的带纹一周。

此鉴以器身的水陆攻战纹而闻名于世，图案视野宏阔，场面宏大。所有纹饰均用紫金镶嵌，富丽堂皇，粲然醒目。图中兵士或持干戈长矛，或执戟仗剑；有弯弓引箭者，有划战船或推云梯者，有击鼓鸣钲者。指挥者，立于楹鼓后，双手各执一桴，鼓上飘旌羽，下置丁宁；持戈矛者，前握后运，双足稳立；射箭者，支左屈右，张弓搭矢；架梯者，高擎双手，大步跑进；仰攻者，登梯勇上，前赴后继；划桨者，前屈后翘，倾身摇荡。攻者迈步跃进，死者首级落地，场面蔚为壮观，再现了攻战双方作战时的惨烈情景。另有捧酒劳师场面，左边二人为文人装束，曳长裳，举觯拱进，右边一人武装跪迎，双手前拱，面前放豆、觯、勺、罍等器，有偃武修文之象。

这是一幅展现东周时期诸侯贵族间兵戎相争的写实画卷，内容丰富，人物众多，共 287 人，另有游鱼 18 只、鳖 3 只。画面采取正、侧构图，平排布置，人物平列，诸多情节连续展开并有机组合为一体，刻画生动，特别是对复杂的场面已有较强的把握能力。如仰攻之势，于地面画斜坡象征之；舟下绘鱼鳖，顺逆浮游，象征有水，以表现舟师水战。图中兵士所持的弓、戈、矛、盾、戟、剑等武器，是研究古代兵器史的重要资料。此外，徒卒战、仰攻战、飞梯战、投石战、舟师战、短兵相接战、长枪大戟战、旗鼓相当的阵地战等交战形式，以及古文献中记载的“鼓錞之制”“旌旗之制”“云梯之制”，在画面中均有表现，为研究先秦时期的兵械装束、战争形式和军事制度提供了形象具体的资料。该纹饰画面被发掘者郭宝钧先生称为 2300 年前的“攻战写生图”，“至今尚为中国惟一的最早的一种战况写实图”。

春秋时期，周王室衰微，不再有控制诸侯的力量，从此开始了诸侯争霸的局面。随着礼崩乐坏，青铜器使用更加广泛，并逐渐由礼器向实用器转化。诸侯与卿大夫，甚至卿大夫的家臣竞相铸造青铜器，以此显示财富和权力。列国青铜器数量激增，地方色彩也日渐浓厚。大量考古资料表明，诸侯、贵族墓葬中出土的青铜器，种类丰富，制作精良，不仅有许多大型的青铜容器和成套乐器，还有灯、炉、带钩、铜镜等生活用具，青铜鉴就是这一时期新出现的铜器种类。

《说文解字》:“鉴，大盆也。”初为陶质，也就是陶盆。青铜鉴出现于春秋中期，春秋晚期和战国时代最为流行，西汉时仍有铸造。鉴有自名，多作“鉴”或“监”；器体庞大，基本形态为大口、中腹、平底或圈足，肩部有四耳或双耳；主要有双耳平底式、四耳平底式、四耳圈足式、方体四耳圈足式；通常为高级贵族所拥有，大都精致美观。

鉴属大型盛水器，其用途有三：一用以盛水。在铜镜盛行之前，古人常以盘皿盛水照容貌。甲骨文“监”字就像一人附于器皿之旁照看容貌的样子。二用以盛冰。《周礼·天官·凌人》:“春始治鉴，凡外内饔之膳羞，鉴焉，凡酒浆之酒醴亦如之。祭祀共冰鉴。”三用以沐浴。《庄子·则阳》有“灵公有妻三人，同滥而浴”(“滥”通“鉴”)的记载。

在先秦铜镜尚未普及之时，盛水的大口容器有照容的功能，鉴自然就成为照容的主要器物。但由于体大笨重，使用不便，随着铜镜制造工艺的提高和广泛使用，战国中期以后铜鉴便逐渐退出照容用器的行列。冰鉴之功用，已有文献记载并有出土器物印证。1978 年湖北随县擂鼓墩 1 号墓出土战国时期的青铜冰鉴，鉴体内套有方尊缶，设计巧妙，花纹复杂，系为冰酒所用，可谓最早的“冰箱”。至于洗澡用的鉴，其体量必定不小，目前已发现的铜鉴尚无可容人沐浴的，故推测青铜鉴可能更多的是作为当时诸侯贵族礼仪用器或陈设赏玩的器物。如现藏于美国弗利尔美术馆的春秋晚期智君子鉴，腹内有铭“智君子之弄鉴”，表明此时青铜鉴已脱离礼器职能，也非实用器，很大程度上是用以显示权力财富、陈设赏玩的弄器。

水陆攻战纹铜鉴

水陆攻战纹铜鉴纹饰展开图

附：

吴王夫差鉴

吴王夫差鉴，春秋时期，高44.8厘米，口径76.5厘米，重60千克，相传出土于河南辉县琉璃阁，现藏于中国国家博物馆，属国家一级文物。

敞口，方唇，折沿，束颈，深鼓腹，平底。器身上装饰有三圈繁密的蟠虺纹，最下饰三角纹，内饰蟠虺纹。颈部两侧有龙头状兽首衔环双环耳，两耳间的口沿上攀缘着两只小虎。小虎前两足扒着口沿，后两足蹬着器壁，作探头状，仿佛在

吴王夫差鉴

吴王夫差鉴局部

向器物里窥探，形态活泼，充满情趣。腹内壁有 2 行 13 字铭文“攻吴王夫差择其吉金自作御鉴”，记载吴王夫差用青铜做此鉴。

夫差是春秋末期吴国国君，也是中国历史上一位颇富传奇色彩的人物。据不完全统计，目前全世界现存的吴王夫差文物只有 20 多件。

智君子鉴

智君子鉴，春秋晚期，共一对，相传1938年出土于河南辉县，现分别藏于美国弗利尔美术馆和明尼阿波利斯美术馆。

敞口，沿平折，颈微敛，宽肩，曲壁，腹部内收，平底，矮圈足。颈部设对称的两对耳——一对兽面环耳、一对兽面铺首衔环。兽面立雕。铺首饰羽纹、三角回纹，环饰交龙纹。器身用缜密卷曲的蟠螭纹组成浮雕感强的兽面纹。腹内有铭“智君子之弄鉴”。器主“智君子”可能是公元前 453 年被韩、赵、魏三家联手消灭的智氏智瑶。

智君子鉴

八瓣华盖立鸟圆壶

八瓣华盖立鸟圆壶，战国时期，通高 60.45 厘米，口径 14.6 厘米，腹径 32.4 厘米，底径 17.8 厘米，厚 0.25 厘米，重 12.313 千克。1935 年在河南汲县山彪镇战国墓地 1 号大墓中发掘出土，现藏于台湾“中研院”历史语言研究所。一对两件，造型、纹饰相同，尺寸略有差别。

这是山彪镇 1 号大墓出土的最为精美别致的铜壶，设计极富巧思。器分盖、身两部分，长颈，溜肩，鼓腹，圈足，肩部两侧有对称分布的铺首衔环，腹的最大径在中部微下。盖似华冠，环周饰八片镂空莲瓣，外侈，圆箍，中空。洞空处另置一可以独立分开的圆形铜板作盖顶，板心独立一鸟，鸟的双爪铸在圆板上，微微凸起，颇见技巧。鸟形象怪异，猫耳，钩喙，长颈，昂首张翅，作欲鸣将飞状。鸟首、鸟身与翅膀，皆翻转镂空，并铸有极细纹饰，鸟的双翅还可以从身体上拆卸下来，精巧复杂。壶体以带纹界作八层，每层皆饰蟠螭纹，填以十字花瓣纹，上下穿插，交错盘绕。整体造型端庄挺拔，纹饰繁复清晰，铜质熔炼精纯，器壁虽薄却显厚重。

春秋以来，随着社会的变革、生产的进步，人们日渐从巫术、宗教的束缚中解放出来，青铜器面貌也为之一新：造型由庄重浑厚到轻盈灵巧，纹饰则追求新颖细腻、繁复多变。商代晚期庄严且具威慑力的兽面纹及西周单调沉闷的窃曲纹、垂鳞纹、重环纹已退居次要位置，代之而起的是精心雕琢的蟠螭纹、蟠虺纹。青铜壶作为东周时期的典型器物，时代风格鲜明，代表了当时最先进的青铜冶铸工艺。1923 年河南新郑李家楼郑公大墓出土的一对春秋时期的莲鹤方壶，一改殷商、西周庄严神秘的风格，壶盖上所铸仙鹤，清新灵动，郭沫若先生称之为“时代精神之象征”。此八瓣华盖立鸟圆壶出自战国魏国大墓，与莲鹤方壶地域相近，同属中原系铜礼器，时代前后相连，乃莲鹤方壶风格之延续。唯盖顶挺立怪鸟，造型诡异，与仙鹤的写实灵动不同。机警竖立的双耳、硕大夸张的钩喙，透出凶猛与凌厉，恰与战国尚武好战的时代风格暗相契合。

壶为盛酒或盛水之器，基本造型为小口、长颈、鼓腹、圈足，肩两侧有耳，可以安装提梁或穿系绳索。青铜壶在商代早期就已出现，历经西周、春秋战国，一直沿用至秦汉或更晚，数量庞大，种类较多。随着时代的变迁，其形制也不断变化，器形纷繁复杂，有圆壶、方壶、扁壶、瓠形壶等。如以颈部曲直为标准，可划分为普通的直颈壶和特殊的匏壶。前者最为常见，是铜壶的主体。直颈壶如根据其腹部的平面形状，可进一步划分为圆壶和方壶两大类；若以耳部特征，又可划分为贯耳壶和提梁（链）壶等。

商代多为器形扁圆的贯耳壶，纹饰以威严神秘的兽面纹为主。西周则流行长颈、圆腹或垂腹的大圆（方）壶，兽耳衔环，规矩庄重。东周又增加了瓠形壶、蒜头壶、扁壶等品类，形制、大小各异，满足了不同的使用需求。特别是春秋时期铜壶冶铸水平登峰造极，常以伏兽为耳、莲瓣为盖饰。战国时青铜壶再度盛行，并出现了金属嵌错狩猎、宴乐、弋射、采桑、水陆攻战等表现现实生活图景的叙事性纹饰。

壶有自名，西周至战国青铜壶上屡见“醴壶”“羞醴壶”等铭，如西周殳季良父壶有铭“尊壶，用盛旨酒”，曾伯陭壶有铭“用自作醴壶”，春秋薛侯壶有铭“薛侯行壶”。先秦时期，壶多用来贮酒。《诗经·大雅·韩奕》：“清酒百壶。”《孟子·梁惠王下》：“箪食壶浆，以迎王师。”西周晚期以后，青铜壶与鼎、簋、盘、匜构成基本的铜礼器组合，是周文化的重要礼器，一般呈偶数出现。其数量与使用者的身份等级有密切关系，

八瓣华盖立鸟圆壶

八瓣华盖立鸟圆壶局部

高级贵族的墓葬往往随葬若干对不同形式的铜壶。如山彪镇1号大墓中，出土了八瓣华盖立鸟圆壶、六瓣华盖立鸟圆壶、钫式壶、提梁式壶、瓠形壶共七件五式铜壶。

在历史的长河中，辉煌灿烂的青铜时代已成过往，许多器物早已消失，湮没在岁月的尘埃里。而壶却始终保持着最初的使用功能，沿用至今，一直存在于我们的生活中。

附：

赵 孟 疥 壶

赵孟疥壶，春秋时期，一对两件，相传出土于河南辉县，现藏于大英博物馆。其铭文“禺邗王于黄池为赵孟疥邗王之赐金以为祠器”，记载了公元前482年晋定公与吴王夫差的黄池之会。作器者赵孟，又叫赵鞅、赵简子。

赵孟疥壶

赵孟疥壶局部

蟠螭纹提链壶

蟠螭纹提链壶，战国晚期魏国青铜器，通高 37.8 厘米，口径 10.2 厘米，足径 14.5 厘米，1951 年出土于河南辉县赵固村，现藏于中国国家博物馆。器口微侈，束颈，铺首衔环耳，圆鼓腹，低圈足。器盖沿铸接四铺首衔环，中央铸一钮连接二环，与提梁相扣，以防器盖脱落。提梁横直，两端下曲，各以四节链环下接两耳。器颈部又铸四小套环钮，可以绳索与器盖四铺首衔环相系，使器盖密合，壶中液体不易散溢。

器通体装饰繁缛，花纹精细。器盖饰蟠螭纹，提梁饰鳞纹，器体由肩至腹，各以两周凸弦纹为界饰六层花纹，最上层为绳索纹，其余均为蟠螭纹，圈足饰绳索纹。

蟠螭纹提链壶

蟠螭纹提链壶局部

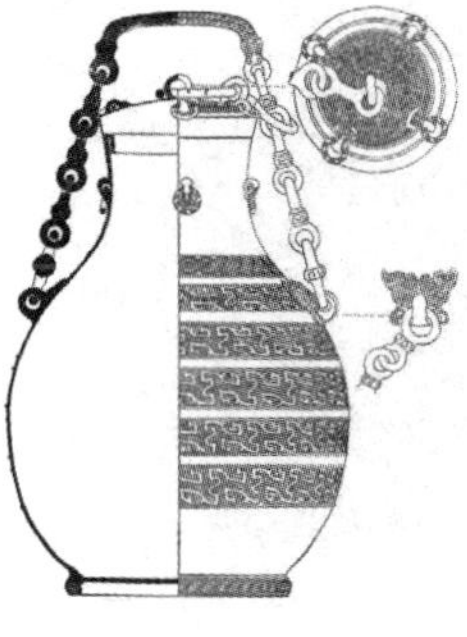

蟠螭纹提链壶线描图

蟠龙纹方壶

蟠龙纹方壶，东周时期，高64.7厘米，腹径34.5厘米，1936年出土于河南辉县琉璃阁甲墓，现藏于台北历史博物馆。壶为一对，呈椭方形。长颈，鼓腹，圈足。双耳龙首衔环。盖面饰鸟纹，盖沿饰虺纹，颈部饰窃曲纹，腹部四面为蛟龙纹，线条流畅。

蟠龙纹方壶

瓠形壶

瓠形壶

瓠形壶，东周时期，通高35.5厘米，口径12.9厘米，腹径20.3厘米，1936年出土于河南辉县琉璃阁甲墓，现藏于北京故宫博物院。圆体，瓠形，有盖。盖隆起，上有一环形钮，靠沿部铸一圆筒状流。颈下与腹部各有一环形钮，与提鋬两端的圆环相套合。圈足，通体素面无饰。

第二章　玉韫生辉

事神的礼器

——卷尾匍卧玉琥

《周礼·春官·大宗伯》载："以玉作六器，以礼天地四方：以苍璧礼天，以黄琮礼地，以青圭礼东方，以赤璋礼南方，以白琥礼西方，以玄璜礼北方。"其中"琥"专指琢制成虎形的玉器，一般认为可作礼器、佩饰及兵符用。

卷尾匍卧玉琥，商代，长 8.3 厘米，重 0.015 千克，1952 年出土于河南辉县褚邱，现藏于新乡市博物馆，属国家一级文物。黄白色，整体作片状，浅浮雕，两面纹饰相同。虎作行走状，昂首，"目"字形眼，大耳，体肥硕，腹外凸，尾上卷，足雕四爪。嘴部和尾部各有一圆形穿孔。此器古朴灵秀，刻画生动，寥寥数刀即勾勒出虎的各部位轮廓，线条流畅，形神俱佳，将虎在行走时的状态淋漓尽致地表现了出来，体现了商代玉器简洁传神、刚劲有力的时代风格。

虎的形象在玉器中出现的历史较早，如湖北天门肖家屋脊遗址，属新石器时代石家河文化，出土有虎头像玉器九件。商周时期则更为多见。安阳殷墟妇好墓出土玉琥八件——四件圆雕、四件片状。从中可以看出，商代琢玉工艺已达到相当精巧细致的程度，深浅浮雕柔润细腻，表面阴刻或浮雕纹饰，线条曲直自然，流畅舒展。商代玉琥多作行走状或急驰状，有的作伏卧状。或运用写实手法，形象逼真；或作夸张表现，栩栩如生。

《说文解字》:“灵，灵巫，以玉事神。”玉可通神、礼神、祭神。《仪礼注疏》:“谓礼神曰器。”“器”，是礼神的玉器，“六器”的主要功能是礼神。《周礼》中关于玉之“六器”的记载，赋予了白琥神秘色彩，使其成为“礼天地四方”的祭祀礼器之一。《说文解字》:“琥，发兵瑞玉，为虎文，从玉从虎。”夏鼐先生认为琥是瑞玉，“以白虎的身份，用以礼西方，以虎符的身份，用以发兵”。《左传·昭公三十二年》载:“赐子家子双琥。”杜预注曰:“琥，玉器。”孔颖达疏:“盖刻玉为虎形也。”汉儒普遍认为琥就是虎形纹或虎形的玉器。但《周礼》“六器”中，璧、琮、圭、璋、璜五器皆为几何形，唯琥为动物形。因和其他几何形瑞玉不一致，故汉碑《六玉图》多以瑁代替琥。

春秋战国时期，铜虎符开始代替玉琥作为兵符使用，成为当时通行的发兵、遣使信物。这些铜虎符大都带有铭文，一剖为二，一半存于中央朝廷，另一半发给各地郡、府，合符才能发兵。考古出土著名的周秦铜虎符有杜虎符、阳陵虎符等。

目前已知最早的中国古代玉器，发现于黑龙江饶河小南山遗址，距今 9000 年左右。辽宁阜新查海遗址出土有玉斧、玉玦、玉管等玉器，距今约 8000 年，属于兴隆洼文化，也是早期玉器的代表。先商之玉是灵玉、巫玉阶段，商代进入神玉、王玉时期，西周之玉则多为礼玉、佩玉。汉代以后，走向俗玉时代，玉被用于宗教、礼仪、丧葬、陈设、装饰等社会生活的各个领域。在中国历史的长河中，没有哪种物质能像玉一样，有着特殊而又重要的地位。它是身份、权力、财富的象征，既可满足一般意义上的审美需要，又可显示身份；既可象征权力，又可作为沟通天人、与天合德的灵物。玉还象征永恒和不朽，在高等级丧葬、祭祀活动中得到广泛使用，并遵循严格的等级制度。

石之美者为玉，它凝聚山川精英，饱含人文灵蕴，有“五德”“九德”“十一德”之说。《礼记 · 聘义》载，孔子语“君子比德于玉”。《管子》载，“珠玉为上币，黄金为中币，刀布为下币”，“故天子臧珠玉，诸侯臧金石，大夫畜狗马，百姓臧布帛”。《唐大诏令集》规定，官员五品以上饰以银，四品以上饰以金，三品以上才可以饰以玉。可见玉器的重要

卷尾匍卧玉琥

地位,甚至是黄金都无法企及的。中华民族上下 5000 多年历史，冶玉、用玉的历史却已超过 8000 年。玉是我国使用时间最长的一类器物，并且沿用至今，形成了内涵深邃而丰富的中华玉文化。

黄 玉 觿

黄玉觿，商代，长 4.9 厘米，现藏于新乡市博物馆，属国家一级文物。玉料呈黄色，浅浮雕，两面纹饰相同。器身弯曲，首如龙而尾尖，器表以双勾线雕龙纹，鼓鼻，凸睛，口微张，尾上翘，口部饰一圆孔，以便佩戴。

觿起初是用来解绳结的实用工具，有锐角，形似锥，常挂于腰间，后来发展成一种佩饰。早期衣裳无纽扣，皆以绳带系结相连，解衣服多需借助一端粗阔一端尖细的觿来完成。觿的起源很早，一般认为是原始的动物獠牙或质地坚硬、一端尖细的弯形骨角，后来出现人工制作的玉觿。玉觿通常一端雕有纹饰，一端渐尖，有扁身和圆身两种，扁身造型如半玉璧，圆身造型如象牙，东汉后渐渐消失。

文献中所见的觿至迟可追溯至西周时期。《礼记·内则》："左佩纷帨、刀、砺、小觿、金燧，右佩玦、捍、管、遰、大觿、木燧……"郑玄注："小觿，解小结也。觿貌如锥，以象骨为之。"《诗经》中有"芄兰之支，童子佩觿。虽则佩觿，能不我知"。可见童子佩觿在当时是一种习俗。汉代，人们还会用玉韘和玉觿搭配着穿戴，当作饰品装点仪容。毛亨传："觿，所以解结，成人之佩也。人君治成人之事，虽童子犹配觿，早成其德。”后象征佩戴者具有解决问题的能力。

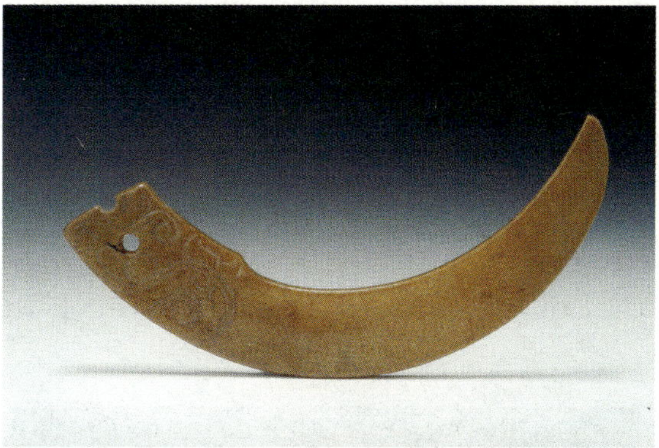

黄玉觿

玉　　蝉

玉蝉，商代晚期，长 2.8 厘米，宽 1.7 厘米，高 0.9 厘米，重 0.005 千克，现藏于新乡市博物馆，属国家二级文物。青玉质，局部钙化，呈白色。蝉双目外凸，双翼掩合，作伏状，背部鼓起，

玉蝉

尾部呈尖状，口部有一穿孔。头、双翼、尾均用阴线雕出纹饰，线条简洁，造型古拙，风格写实。

蝉在古代先民的心中，是一种神秘而圣洁的灵物。古人认为，“蝉蜕于浊秽，以浮游尘埃之外，不获世之滋垢”，生性高洁，栖于高枝，饮露而生，不食人间烟火，对其十分推崇。因其整个生命历程——从幼虫、蛹蜕变成长翅的成虫——象征着一种神奇的变化和再生，与古人追求“灵魂永存，羽化成仙”的观念相合，蝉在远古被人们视为生生不息的象征，因此也被用来比喻人的轮回重生。

玉蝉在古代玉文化中的地位非常重要，既可“以生为佩”，也可“以死为含”，按用途分为含蝉、佩蝉、冠蝉三种。玉蝉既有玉的温润，也有蝉的高洁，既有玉的不朽，又有蝉的重生，二者结合，堪称完美。

大 玉 璜

大玉璜，战国中期，长20.5厘米，宽4.8厘米，1950—1951年出土于河南辉县固围村1号墓祭祀坑，现藏于中国国家博物馆。

玉璜呈弧形，青白玉质，有褐色沁，由七块美玉和两个鎏金铜兽首组成。中央一玉呈长方形，微曲若扇面，表面浮雕云兽纹。其上镂雕一兽，作回首垂尾蜷卧状；其下为一鼻钮，可供穿系。两侧的两块玉略长，扇形，表面浮雕云兽纹。再外两玉皆为龙首形，龙首高昂，口吻微张，吐舌露齿。此五块玉中心皆空，由铜片贯穿，连为一体。铜片在两端透出处，又制成鎏金小兽首，两个兽首各衔一椭圆形透雕勾连纹玉佩，翘峙两端。整器玉质温润，雕琢精美，布局匀称，玲珑剔透，集阴刻、浮雕、镂空、接榫、碾磨等多种工艺于一身，是战国玉器中的精品。尤其用若干块玉片配合金属衔接，制作难度极大，代表了当时玉器制作工艺的最高水平。

玉璜是中国古代玉器中十分重要的一类器物，是古代朝聘、祭祀、丧葬时所用的礼器。《周礼》中有“以玄璜礼北方”的记载，认为玉璜是礼天地四方的“六器”之一，具体为祭祀北方的瑞玉。郑玄注:“半璧曰璜。”《说文解字》亦载:“璜,半璧也。”古籍上记载的玉璜为玉璧的一半，然实际上恰为一半玉璧的璜十分少见。目前考古发掘出土的实物显示，多数璜只有璧、环的 1/3 或 1/4 左右，只有少数接近一半。此外，玉璜的两端多有用于穿系的小孔，据此判断，除作礼器外，璜还是佩玉。

古代先民很早就有以璜为佩的习俗,《山海经・海外西经》载，夏后启佩玉璜。玉璜既可单独佩戴，又可与玉管、玛瑙、绿松石、料珠等串联成组佩，通常为组玉佩中最主要的部分。西周用玉礼制化，以璜为主体的组玉佩更是大放异彩，“天子九璜、诸侯七璜、大夫五璜”，身份愈高，所用组玉佩愈长愈复杂。大型多璜组玉佩精美华丽，五彩斑斓，不仅有引人注目的装饰功能，而且是贵族身份地位及权势的象征。作为兼具礼仪性质的佩玉，它们充满了浓厚的政治色彩。人们在朝聘、祭祀、宴飨等重大场合中佩戴，死后用它们陪葬。考古发现出土实物有单璜及二璜、三璜、四璜、五璜、六璜连珠等各式组玉佩。1990 年河南三门峡上村岭虢国墓地 2001 号墓出土七璜佩，7 件玉璜自上而下、从小到大排列，各璜之间以左右对称的双排两行玛瑙与琉璃串珠连缀，瑰丽高雅，璀璨夺目。经考证，墓主人是西周晚期虢国一代国君虢季氏。1993 年山西北赵晋侯墓地 M63 晋侯夫人墓出土玉璜 50 余件，其中 45 件系于一组佩饰上，是迄今所见组玉佩中玉璜最多者。

除作为佩饰、彰显身份外，组玉佩还有一项重要的功能：节制步伐。《诗经・卫风・竹竿》:“巧笑之瑳，佩玉之傩。”毛传："傩，行有节度。" 郑笺："美其容貌与礼仪也。" 当时的社会风尚认为，身份愈高，步履愈缓，如此则显得矜庄高贵。而组玉佩的长度与步伐大小有直接关系，尤其是七璜、九璜等大型组玉佩，挂于颈上，垂于胸前，长度至腹及膝，佩者迈不开大步，不便急行，故有"改步改玉""改玉改行"之说。《汉书·五行志》："其于王事，威仪容貌亦可观者也。故行步有佩玉之度。" 颜师古注曰："玉佩上有双衡，下有双璜，琚瑀以杂之，冲牙蚍珠以纳其间。右徵角而左宫羽，进则掩之，退则扬之，然后玉锵鸣焉。是为行步之节度也。" 即除了有"佩玉之度"，行步还

大玉璜

大玉璜线描图

需有“环佩之声”。佩者的步伐要与身上组佩的摆动相协调，让玉器间的碰撞发出清越之声，符合五音节奏。如此步履缓而从容，环佩叮当，方能显得雍容贵气、仪态万方。

春秋以降，天子式微，诸侯争霸，西周严格的礼制化用玉制度不断被僭越，以璜为主体的大型组玉佩不再盛行。随着琢玉技术和工具的进步，战国时期治玉技术达到了殷周以来新的高峰，并向精巧华丽的新工艺方向发展。战国时期玉璜的造型较之前代有所创新，有边缘雕琢出齿形的璜、两端雕琢成龙首或虎首的璜以及整体饰透雕的璜。纹饰更为丰富多样，有涡纹、勾连纹、卷云纹、网纹等，制作十分精细。这件大玉璜是战国玉器中的翘楚和具有划时代意义的作品，构思奇巧，纹饰繁缛，时代风格鲜明，特别是采用了当时流行的镂空和连锁工艺，玉器雕琢与鎏金细工巧妙结合，显示了超高的治玉技术水平。

鎏金嵌玉龙首银带钩

鎏金嵌玉龙首银带钩，战国中期，通长 18.7 厘米，宽 4.9 厘米，1950 年出土于河南辉县固围村 5 号墓，现藏于中国国家博物馆。器身所嵌三枚玉玦直径分别为 2.6 厘米、3.5 厘米、3.5 厘米。

带钩为银质琵琶形，器表鎏金嵌玉镶琉璃珠，青白玉龙首钩，背面无钩钮。钩面高浮雕双夔龙缠绕两侧，中间镶嵌三枚白玉谷纹玦。每玦中孔又各嵌入蜻蜓眼琉璃珠，中间玦中该珠缺失。腹末端似原亦有镶嵌物，惜已脱落不见。此带钩设计极富巧思，工艺繁复，纹饰繁缛，集鎏金、镶嵌、凿刻等多种工艺于一身，巧妙搭配不同质地、色泽的材料，包金镶玉，又嵌琉璃，五色相宜，精美富丽，可谓带钩中的极品，也是战国复合工艺制作的代表性器物。

带钩是古人腰部佩带的重要服饰附件，系用来连接束腰革带的实用器物，兼具装饰效果。一般由钩首、钩身、钩钮三部分组成，基本形制为：下端有钩钮钉于皮带的一头，起固定作用；上端曲作钩首，用以钩挂皮带的另一头；中间部分为钩身，常有各种精美纹饰或嵌物。形状大致可分为水禽形、琵琶形、兽面形、曲棒形、竹节形等，也有个别的异形钩。材质多见金、银、铜、铁、玉，装饰技法有错、镂、鎏、嵌、刻等。玉带钩虽然数量较少，但出现最早，考古发现新石器时代良渚文化已有出土，使用时间也比较长，直至清代。金属带钩出现于春秋时期，战国大为盛行，秦至两汉，使用都相当普遍，魏晋南北朝之后逐渐消失。带钩的使用地域亦非常广泛，今考古发现，北到长城附近，南至两广、巴蜀云贵，都有出土，但流行的中心区域是在黄河中游的中原、关中地区。

《淮南子·说林训》："满堂之坐，视钩各异。"带钩形制多样，用材精美，工艺精良，是兼具实用性与装饰性的器物，被视为古代贵族腰间的风雅，极尽奢华。其形虽小，却集多种工艺于一身，有鎏金嵌玉、镶绿松石、错金银的，也有施以精美纹饰的，具有很高的艺术价值。战国是带钩使用的高峰期，以铜质的最为常见，铁质的次之。尽管当时人们对金、银性能的认识已有了进一步提高，相关制造工艺亦十分成熟，但由于两者为稀有贵金属，受开采、冶炼及社会、政治、经济等因素影响，金、银带钩的数量远比铜、铁质的要少。金、银相较，银器的数量又比金器要少。自然界中有天然黄金存在，人们可以通过采集获得。考古证明，至迟在夏商时期，我国先民已经完全能用黄金来制作饰品及用品。银却必须通过冶炼获得，故银器的出现晚于金器，目前所知时代最早的银器出现于战国时期。又因银器不如金器华美，人们倾向于打造和使用金器，所以实际上银带钩的数量更少。

这件带钩主体即为银质，据发掘者郭宝钧先生讲：“墓经盗掘之后，中心精华已无，……余物偶存而已。”此带钩正是历经盗掘后为数不多的幸存之物，虽墓主身份已不可考，但从其工艺繁复及奢华程度来看，应为王者之物。特别是将金属铸造和琢玉工艺结合起来，金光外显与宝玉内敛相得益彰，“确实可代表当时工艺技巧的最高峰，为此墓遗物精品之一”。它的出土，证明了中国早在战国时期就已经能综合运用铸造、焊接、锉磨、抛光、镶嵌、胶粘等极其复杂的工艺流程，制作出精美绝伦的金银器。

带钩虽小，却承载了片刻的历史风云。一枚小小的带钩曾经挽救过一位春秋霸主的性命，从某种程度上可以说是改写了历史。《史记·齐太公世家》有“使管仲别将兵遮莒道，射中小白带钩。……桓公之中钩，详死以误管仲”的记载。春秋时期，齐桓公在还是公子小白的时候，曾在莒国避难，其兄公子纠在鲁国避难。后齐国出现变故，王位空缺，贵族大臣请二人回国

鎏金嵌玉龙首银带钩

继位，约定先到国都者为君。管仲为了让公子纠抢先即位，在半路截击射杀小白，关键时刻正是小白腰间的带钩替他挡住了箭，小白佯死骗过管仲，提前到达齐国即位，后来成为历史上著名的“春秋五霸”中的第一霸。《史记·晋世家》中有“管仲射钩，桓公以霸”，同样记载了这一历史事件。

《庄子·胠箧》：“窃钩者诛，窃国者为诸侯。”庄子将带钩与国家并提，隐喻时事。孟子有钩金舆羽论轻重的典故。古人常借带钩引申比喻，阐述世事生活，如“以瓦注者巧，以钩注者惮，以黄金注者殙”(《庄子·达生》)、“不爱江汉之珠，而爱巴蜀之钩”(曹丕《与王朗书》)、“孔子辞廪丘，终不盗刀钩”(《淮南子·氾论训》)等，或以小见大，或贵贱对比，赋予了带钩别样的文化内涵。

白玉鱼形佩

白玉鱼形佩，元代，长 10.5 厘米，宽 5.4 厘米，厚 0.9 厘米，重 0.057 千克，现藏于新乡市博物馆，属国家二级文物。黄白色，扁平状，鱼呈跳跃式，嘴翘鳍扬，头尾俱向上，身体弯度较大，动感很强。鱼造型肥硕饱满，纹饰清晰细腻，鱼鳞用交叉阴刻线刻成菱形，细密整齐排列，尾部也装饰有阴线，背部最上端中间有两个穿孔。整体生动活泼欢快，充满着生命的活力。雕琢时巧妙借用了俏色，鱼身上留有玉质天然金皮，很是生动。从细密的鱼鳞、凸出的吻部等细部特征看，显而易见表

白玉鱼形佩

现的是鳜鱼形象，特别是团扇形不分叉鱼尾，明显区别于鲤鱼、青鱼的剪刀形尾。

鱼纹出现的历史很早，在距今7000—5000年的器物上就有了鱼的形象，陕西西安半坡遗址出土的仰韶文化的彩陶盆上，绘游鱼三尾。但在元代以前，鱼的艺术形象一般以鲤鱼居多，这可能和中原的地理地域物产及文化有关。唐代以前，政治经济中心在中原地区，鲤鱼为北方传统水产，如著名的黄河大鲤鱼。孔子的儿子出生，友人送鲤鱼一对为贺，孔子十分高兴地收下，以为吉祥，便给儿子取名鲤，字伯鱼。唐代规定五品以上官员须在腰部佩带鲤鱼形饰品“鱼符”。五代以后，经济中心逐渐南移，江南成为鱼米之乡，物产丰富，器物上各种鱼类形象也开始增多。元代青花瓷上的鱼藻纹，多绘鳜鱼形象。明代以后则多画鲤鱼，或有表达人们企盼“鲤鱼跳龙门”的含义。如绘鲤鱼跃于波涛之上，口中吐出水泡，水泡中隐约一条小龙飞上天空，取意为“鱼化龙”。传说鲤鱼跳过龙门便可成龙，象征幸运和高升，实乃文人对飞黄腾达的一种向往。

元代在中国历史上存在时间虽短，但在玉器发展史上却是一个承前启后的重要时期：既继承了宋代琢玉玲珑剔透的风格，又在雕刻技法上有所创新，为明清时期高度繁荣的玉雕业奠定了基础。元代玉器一扫先秦高古玉器所具有的神秘色彩，礼制功能消失，玉器为社会各阶层所接受，制作和使用转向民间，具有浓厚的生活气息，并逐渐商品化，产生了规模较大的玉器市场和专门贩卖玉器的店铺。

在这种背景下，元代琢玉业得到了空前发展，制作技术水平也很高。这一时期的玉器，动物、花卉题材增多，写实能力较强，形神兼备，具有极高的造诣。许多玉器既有实用性，又有很高的艺术观赏价值，并且多带有吉祥寓意，正所谓“玉必有工，工必吉祥”。“鱼”同“余”谐音，主要的象征意义就是“有余”，象征吉庆、富裕、幸运。在生产力低下的古代，年年有余、生活有富余，乃农耕民族最大的幸福。而鳜鱼的“鳜”又和富贵的“贵”谐音，因此这件玉佩表达的美好寓意即“富贵有余”。

透雕凤凰牡丹翠牌

透雕凤凰牡丹翠牌

透雕凤凰牡丹翠牌，清代，翡翠质地，长 5.2 厘米，宽 3.7 厘米，现藏于新乡市博物馆，属国家二级文物。翠料上等，翠质细润光滑，色泽鲜艳。翠牌为透雕，两面纹饰相同。一只凤凰栖于牡丹花上，凤凰呈回首状，尾下垂至底部，头顶有一枝牡丹和多片花叶。凤凰姿态优雅，牡丹栩栩如生，一动一静，相得益彰。牌上系有丝带绳，串有半圆形粉色芙蓉石，上饰米珠串。整件作品雕琢精巧细腻，布局得当，采用玉雕中的俏色工艺，以巧取胜，绿色部分为凤凰，白色部分为牡丹，是清代俏色玉的典型代表，尽显清代玉匠高超的琢玉技巧和水平。

凤凰是中国古代传说中的百鸟之王，羽毛美丽，雄为凤，雌为凰，合称为凤凰。据《尔雅 · 释鸟》郭璞注，凤凰的特征为："鸡头，蛇颈，燕颔，龟背，鱼尾，五彩色，其高六尺许。"《山海经》说其有五种像字纹："首文曰德，翼文曰义，背文曰礼，膺文曰仁，腹文曰信。”凤凰非晨露不饮，非嫩竹不食，非千年梧桐不栖，常用来象征祥瑞。牡丹花大而香，色泽艳丽，富丽堂皇，是百花之王，有“国色天香”之称，象征富贵吉祥。凤戏牡丹图案，牡丹花开，凤凰来采，有万物欢欣、百鸟朝贺、富贵常在、荣华永驻的寓意，常被用于婚嫁和象征爱情，成为表现民间婚恋的重要题材。

“翡翠”一词源于中国古代的两种鸟名：“翡”即赤羽雀，“翠”即绿羽雀。后来，古人将这两个原本形容鸟羽的字转用到形容红色和绿色的饰物。翡翠因其主要颜色——绿色和褐红色极像这两种鸟的羽毛色而得名。明清时期，无论是皇家达官显贵还是民间普通百姓，都已普遍使用玉器。翡翠自明末清初由滇、缅一带传入中国后便一统天下，广泛应用于衣冠佩饰、文房陈设等，尤为清宫帝王后妃喜爱，逐渐占据了玉石之王的地位。

附：

鸟形把玉铲

鸟形把玉铲，商代晚期，高 8.2 厘米，宽 4.5 厘米，厚 0.5 厘米，重 0.03 千克，现藏于新乡市博物馆，属国家三级文物。青白玉质，有黄、黑色沁。玉铲上部为一只立鸟，高冠圆眼，钩喙长尾，尾尖内卷。鸟身有双阴线雕刻纹饰，以一圆形孔作为鸟眼，设计极富巧思。下部两侧有对称的凸齿，中部装饰两道弦纹，弦纹上、下部各刻双阴线变形龙纹，底部边缘呈篦齿状。

鸟形把玉铲

战国玉册

战国玉册，长 62 厘米，宽 23 厘米，1950 年出土于河南辉县固围村 1 号墓祭祀坑，现藏于中国国家博物馆，是目前考古发现最早、最完整的玉册。玉册由 50 片长条形扁平简片编成，青玉白斑，半透明，有黑色沁。每简长约 23 厘米，宽 1.2 厘米，厚 0.11 厘米，质薄且匀。简面无字，亦无朱墨痕迹，或因年代久远字迹剥落，或原本无字，仅具形式。

战国玉册

第三章　古陶精瓷

灰陶羊尊喻祥瑞

灰陶羊尊，西汉，长 40 厘米，宽 16 厘米，高 20 厘米，1985 年出土于河南新乡市区东北郊火电厂汉墓，现藏于新乡市博物馆。泥质灰陶，四腿弯曲呈跪卧状，昂首向前，两只犄角呈弧形弯曲，紧贴头部两侧向后卷，鼓目圆睛，嘴微启，颏下有胡，惟妙惟肖。羊空腹，背部有一直流，尾呈筒状，内空与腹通。身躯肥壮，体态丰硕，造型生动而不失庄重，富有雕塑感。整体造型敦厚、简洁朴实、形神兼备，体现出一种祥和宁静之美。

汉代“事死如事生”的观念深入人心，厚葬之风盛行，大量象征墓主生前财富的陶明器开始出现。汉墓随葬陶器数量之多和品种之广，超过了以往任何一个朝代。其中私有财产的象征物占很大比例，鸡、羊、狗、猪等家禽家畜都是常见的动物类陶明器造型。这一时期陶明器已开始程式化批量模制，品种与形制大体趋同。这件灰陶羊尊相比常见的陶明器，体形较大、保存完整、线条简洁流畅，五官等细节以简洁的点线加以勾勒，虽为程式化产品，却无僵硬之感，历经千年依然生动传神，从中亦可见古代工匠对生命之美的真切感悟。

羊为“六畜”之一，性情温顺，羊肉美味滋补，因此羊是祭祀时重要的供品。商代青铜器多以羊为造型或以羊纹为装饰，如著名的四羊方尊。在汉代，家畜是衡量财富的重要标准，将象征和反映墓主生前财富的陶羊置于墓中随葬，有辟邪除恶、带来祥瑞之意。“羊”字与吉祥的“祥”字相通，羊在传统文化中被视为瑞兽，所以古人往往把羊看作吉祥的标志，与羊相关的造型和图案也备受人们的喜爱，代表了人们希望福寿安康的美好愿望。

灰陶羊尊

黄绿釉狩猎纹陶壶

一、文物品鉴

黄绿釉狩猎纹陶壶，汉代，高32.5厘米，口径12.5厘米，腹径24.2厘米，底径12.2厘米，现藏于新乡市博物馆。泥质红陶，侈口，粗颈，圆肩，鼓腹，胫部渐收，平底，假圈足。器身施釉，颜色棕黄，色泽匀亮。内壁及外底不施釉，局部釉面呈“银釉”状。肩腹之间饰一周浅浮雕狩猎纹，中有对称的铺首衔环分布在两侧。整体画面充实，形象生动，以两汉流行的云气纹为地环绕，云气纹呈带状，穿插起伏，使整个画面首尾相连，并将其分隔成六个主题单元，分别为骑马回首持弓引箭的射猎者、奔走跳跃的猴子、张口翘尾的猛兽、头上生角昂首嘶啸的怪兽、四爪腾空的白虎和类似应龙的怪兽，上有一人驭之。中间穿插分布着飞禽走兽，可辨有豹、犬、鹰、鹿等。画面中动

黄绿釉狩猎纹陶壶

黄绿釉狩猎纹陶壶纹饰

物奔腾跳跃，上下有序，疏密虚实都处理得十分巧妙自然，变化中显动势，严谨中藏生动。整器造型饱满、古朴敦厚，曲线给人以丰满、圆润的美感，为汉代典型的黄绿釉狩猎纹陶壶，是低温铅釉陶中的精品。

二、文化解读

汉代长期安定的局面和农业发展的基础，使手工业和商业得到了迅速的发展，出现了较大规模的官营和私营手工业，各种陶作坊遍布，制陶业是当时最重要的手工业之一。

汉代陶器主要是各种饮食器、贮藏器等生活用具，以及专为随葬而制作的明器；大体上可分为灰陶、硬陶、釉陶三大类。铅釉陶的成功制作，是汉代陶瓷工业的杰出成就之一。铅釉陶是以铅的化合物作为基本助熔剂，在氧化气氛中烧成的一类陶器。由于铅的熔点较低，大约在700℃即开始熔融，因此铅釉陶是一种低温釉陶。铅釉因釉药中含氧化铅而得名，其主要着色剂是铜和铁：铜使釉呈翠绿色，铁使釉呈黄褐和棕红色。铅釉陶主要流行于黄河流域和北方地区，所以也称“北方釉陶”。低温釉陶最早见于陕西关中地区，发展速度极快，东汉时已遍及整个北方，并扩展到长江流域。

秦汉以来，用陶器殉葬的风气日盛，陶明器的制作发展迅速，不仅出现了官方设立的明器制造厂，而且有专门负责明器制造的官吏。釉陶能够表现的社会形态方面的内容丰富，因而比其他陶器更能满足人们的厚葬需求，多被当作明器使用。汉墓随葬陶器的数量之多、品种之广，大大超过了以往各代墓内随葬的陶器；除一部分实用器外，绝大多数属仿商周青铜器和漆器烧制的明器。相比日用陶器，陶明器原料颗粒较粗，质地不够致密坚实，器表釉料附着不很牢固，易脱落，易吸水，实用价值不大；但在艺术效果上，后者却更胜一筹。由于铅釉的折射指数比较高，高温黏度比较小，流动性比较大，熔融温度范围比较宽，熔蚀性比较强，因此可以避免石灰釉和石灰碱釉中比较常见的“橘皮”“针孔”等缺陷，同时釉层中无气泡和大量残余晶体的存在，使釉层清澈透明，表面平整光滑，富于装饰感。更为重要的是，低温铅釉陶的发明，打破了当时以彩绘为主的装饰局面，为陶器的美化开辟了广阔的前景。它的应用和推广，为后来各种不同色调的低温釉的出现奠定了基础。

在汉墓中发现的铅釉陶纯系丧葬用的明器，至今还没有发现实用器。这可能与它的低温烧成、不宜使用有关。此黄绿釉狩猎纹陶壶即为仿青铜壶而烧制的陶明器，在造型设计、线条的使用和装饰内容的安排上构思巧妙，独具匠心。整器庄重雄伟，有青铜礼器的气魄，是汉代低温釉陶壶的典型代表。

三、比较研究

狩猎是人类最古老的生存手段和生产方式之一。在原始社会，先民“食草木之实，鸟兽之肉，饮其血，茹其毛，衣其羽皮”，狩猎是先民们的谋生手段之一。随着人类文明与生产力的不断发展，狩猎的生产角色不断削弱，政治、军事、娱乐色彩逐渐增强，以狩猎为题材的装饰广泛出现在春秋战国时代的青铜器、漆器，汉代的画像砖、西晋的墓葬壁画，以及唐代金银器、辽金玉器、元明清绘画上。

（一）东周青铜器、漆器上的狩猎纹

狩猎在周代的社会生活中具有多种意义，周人的狩猎活动有服务于祭祀、经济、政治、军事和娱乐等诸多方面的作用。四季狩猎皆有不同的名称和目的，《左传·隐公五年》载：“春蒐、夏苗、秋狝、冬狩，皆于农隙以讲事也。”“讲事”，即军事演习，说明狩猎带有明显的军事训练目的。两周时期，狩猎还是具有浓厚政治色彩的娱乐活动，并与祭祀、诸侯会盟、军事训练、宫廷宴飨等联系在一起，形成了一种礼仪制度。东周青铜器上流行使用狩猎纹，表现内容为宴乐、弋射、采桑、狩猎以及水陆攻战等场面，反映了当时的社会生活状况。

青铜狩猎纹壶，春秋晚期，现藏于美国旧金山亚洲艺术博物馆。通高 39.4 厘米，平唇，束颈，宽肩，圆底，圈足，肩部有一对环耳垂环。花纹共分八层：第一、八层为鸟纹，第二、五层为云纹，第三、四、六层为狩猎纹，第七层为射鸟纹。圈足上饰斜方格纹。此器造型美观，纹饰清晰，尤以狩猎纹形象生动活泼，是件不可多得的艺术珍品。

青铜狩猎纹壶及其细部

狩猎纹铜壶，战国时期，四川成都青羊小区工地出土。高41.4厘米，腹径26厘米。壶口微侈，颈部瘦长，椭圆形腹，矮圈足。肩部两侧有对称的铺首衔环一对。从壶颈口部至圈足，器表分为七段，均有不同的图案和纹饰。主体图案有羽人仙鹤图、狩猎图、三足乌向日图等，在三组图案之间，分别有几何菱形纹、蟠螭纹、云雷纹等纹饰。壶盖微鼓，盖顶分布有三个编索纹环钮。盖面三等分，分别有相同的狩猎图布满四周。

狩猎纹铜壶及其线描图

嵌错宴乐攻战纹铜壶，也称嵌错采桑宴乐射猎攻战纹铜壶，战国时期，1965 年四川成都百花潭中学 10 号墓出土。通高 40 厘米，口径 13.4 厘米，腹径 26.5 厘米，足高 2 厘米。侈口，斜肩，鼓腹，圈足。有盖，盖面微拱，上有三个鸭形钮，并饰卷云纹、圆圈纹及兽纹。肩部有对称兽面衔环双耳。壶身满饰嵌错图案，以凸起的箍状带纹饰分为四层：第一层为习射和采桑图。第二层为宴乐战舞弋射图，场面宏大：左边为宴乐战舞图，右边为弋射图。第三层为水陆攻战图：左为步战仰攻，右为水陆战争。第四层为狩猎图，饰双兽背对背组成的桃形图案一周。圈足饰菱形纹和四瓣纹。嵌错精致，工艺高超，画面内容丰富，结构严谨，反映了战国时代生产生活、军事礼俗等社会的多个侧面。

嵌错宴乐攻战纹铜壶及其纹饰摹本

彩绘狩猎纹漆樽，战国时期，1952 年湖南长沙颜家岭乙 35 号墓出土。高 12.5 厘米，口径 11.2 厘米，底径 11.4 厘米。

木胎漆绘，无盖。器表褐漆地上朱绘的三道变形凤鸟纹，将图案分成上、下部分。狩猎图位于上部：左侧两兽据地而斗，形状、动态均似野猪；右侧两猎人分持箭、戟，围捕林中野牛，前一人持戟刺向野牛，后一人作引弓待发状，牛低首扬角、殊死抵御。狩猎图情节紧张，特别是猎人和野牛的殊死斗争，富有生气和活力。下部绘有老者牵狗、猎犬追鹿、凤鸟飞奔和两鹤啄食等图案。

彩绘狩猎纹漆樽及其纹饰展开图

（二）秦汉至西晋时期画像砖、墓葬壁画上的狩猎图

秦汉时期，狩猎不仅是当时风行于上层社会的娱乐方式，也象征身份等级，是贵族日常生活的一部分。上自天子诸侯，下至贵族豪强，均走马放犬，驰骋田猎。天子、诸侯为自己建立了专门用于狩猎的苑囿。猎捕的对象亦十分广泛，麋鹿雉兔，是当时常见的猎物。此时青铜器之盛世已过，然狩猎图案却未受影响，作为一种成熟的题材仍频频出现于画像砖等上。

猎虎画像砖，西汉晚期至东汉前期，河南郑州出土。浅浮雕，画中有一虎，昂首直尾，纹斑清晰，奔腾前扑，口中一矢。前有一骑手操弓射虎，虎后两人跌倒在地，远处一人张皇疾走。

猎虎画像砖

山林骑猎画像砖，西汉晚期至东汉前期，河南禹县出土。浅浮雕，画面下部山岭绵亘，树林葱郁，右部一野猪奔窜，后有二人驱马追赶。

山林骑猎画像砖

猎鹿图、纵鹰猎兔图，西晋时期，甘肃嘉峪关4号墓前室壁画，1972年发掘。高17厘米，宽36厘米。东壁猎鹿图，以流畅的线条勾画了一男子骑马射鹿的情景——长角鹿在前面奔跑，猎人已近在咫尺，穷追不舍——真实生动，气氛紧张。西壁纵鹰猎兔图，绘两猎人放猎鹰追赶一只野兔，兔子在奔跑中回首环顾，增强了画面的戏剧性效果。

猎鹿图

纵鹰猎兔图

（三）唐代铜镜、银器上的狩猎纹

唐代是封建社会的鼎盛时期，狩猎活动较为盛行，且更具普遍性，尤其对宫廷贵族，狩猎出行是其喜爱的一项重要活动。《唐会要》记载，“草浅兽肥，以礼畋狩，弓不虚发，箭不妄中，二乐也”。唐太宗李世民认为，狩猎与太平、欢宴是大丈夫在世的三大乐事。政府特设养鹰坊，有驯养鹰、犬的专职人员。除鹰、犬外，出行队伍中亦常见猎豹的身影。唐代带有狩猎元素的文物主要有墓葬壁画、铜镜、金银器、陶塑等。最有名的狩猎出行图出现在李寿墓、章怀太子墓、韦浩墓中。

骑马狩猎纹铜镜

骑马狩猎纹铜镜，唐代，1963年河南扶沟县出土，直径28.5厘米，河南博物院藏。八出菱花形，圆钮，钮外以高浮雕工艺刻绘四座仙山、四株神树，并以此为中心将镜面分成四区，每区皆饰策马奔驰的狩猎纹。骑手分别射兔、逐鹿、猎野猪、执长矛与猿相搏，间饰雀鸟、蜂蝶、折枝花。镜缘饰折枝花和蜂蝶一周。此镜尺寸特大，应是皇戚贵族所用之物。

狩猎纹八瓣银杯

狩猎纹八瓣银杯，唐代，高 4.2 厘米，直径 9.0 厘米，1983 年西安未央区马旗寨出土，西安博物院藏。银杯整体为八瓣花形，平折沿，连珠唇。环形杯把，外沿缀连珠。杯腹壁八片花瓣以柳叶条带作界栏，形成八幅既独立又相互关联的画面。四幅为男子狩猎图，男子身着袍衫，策马奔驰在丛林中，或搭弓回射飞禽，或持刀追杀野兔，或抛投绳索套捕獐子，或紧追仓皇逃窜的花鹿；四幅为仕女图，女子或乐舞，或戏婴，或梳妆，或游玩。此银杯画面感极强，可从中一窥唐代的风土人情。

（四）辽金玉器上的狩猎图

辽金时期，契丹与女真族的帝王每年都要举行春秋两季的游猎活动，除“会议国事”和外交活动外，还“时出校猎讲武”，将“随水草，逐寒暑，往来渔猎”的生活习俗引入政治管理，谓之“四时捺钵”。以反映这种特有的捕猎活动为题材的玉器叫作春水玉、秋山玉，它们记录了契丹、女真等北方渔猎、游牧民族狩猎于春秋的娱乐活动，充满淳朴的山林野趣和浓郁的北

玉鹘攫天鹅带饰

国情调，是极具民族特色的一类玉器。

玉鹘攫天鹅带饰为春水玉的一种，采用透雕的形式，展现荷叶、莲花环生，天鹅曲颈展翅、拼命挣扎，海东青体小却凶猛敏捷、直扑鹅头。

秋山玉

秋山玉为山林虎鹿题材的玉器，表现的是女真族秋季射虎哨鹿的情景。图案为山石、柞树、虎鹿，有的虎鹿并存，有的双鹿伴游，有的双鹿挡虎，还有的柞树藏虎。场面恬静安逸，不像春水玉场面那般残酷无情。在雕琢技法上，常留赭色玉皮巧作秋色。

（五）元代至清代画卷中的狩猎图

对于古代游牧民族来说，狩猎不仅是重要的生产方式，还是军事训练和精神娱乐的方式。《蒙鞑备录》载："生长于鞍马间，人自习战。自春徂冬，旦旦逐猎，乃其生涯。"元朝政府按节令出行狩猎，皇帝坐于特制的大木楼上，木楼内用织金锦及貂皮、银鼠皮等装饰，外覆狮子皮，四大象抬木楼前行，场面壮观。

刘贯道《元世祖出猎图》，元代，绢本，纵 182.9 厘米，横 104.1 厘米，现藏于台北故宫博物院。此画描绘了元世祖忽必烈于深秋初冬之时率随从出猎的情景。画面上荒漠广袤无垠，远处沙丘起伏，载物的驼队正缓缓而行。近处人骑聚集，或张弓射雁，或手架猎鹰，或绳携猎豹，皆为马上行猎之状。其中骑乘黑马、身穿白裘、侧身向后张望者，应为元世祖。旁为一衣着华丽的妇人，似为帝后。其余八人，应是侍从，其中尚有中亚黑奴一名。图中人物描绘细腻，表情神态自然生动，犬马装备刻画精细，亦极传神写实。

刘贯道《元世祖出猎图》

清代自康熙则有木兰秋狝的习俗，皇帝每年秋天到木兰围场巡视习武，行围狩猎，这实际上是继承了契丹、女真、蒙古等北方民族捺钵制的传统，具有重大的政治、军事意义：一是遵循祖制，二是习武练兵，三是怀柔蒙古。这种带有游乐性质的狩猎活动，将满人弯弓射箭的传统习俗发扬光大。

郎世宁等绘《乾隆皇帝射猎图》，清代，绢本，设色，纵115 厘米，横 181.4 厘米。此图表现乾隆皇帝及近亲王公大臣在南苑猎场捕射野兔的动感瞬间。绘者通过对骑在骏马上的精悍人物与狂奔逃命的野兔的准确且传神的刻画，成功地展示出乾隆皇帝娴熟的骑技和尚武骑射的创作主题。

郎世宁等《乾隆皇帝射猎图》

文物能够反映不同时代、不同阶层的审美情趣与价值取向。汉代艺术，追求整体粗放的神似美，注重表现力量、动作和气势，不事任何细部的忠实刻画，善于抓住基本特征，将形体大动作展现出来，给人以粗放刚劲之感。汉代陶壶上的狩猎图，不同于东周青铜器上叙事画性质的狩猎纹饰，也没有唐代、辽金相关器物所具有的胡风元素或民族特征，更区别于元代、清代着重展示皇家气势的狩猎场景。“猎人瞄准的猎物变成祥禽瑞兽，紧张的搏斗变成漂亮的表演，狩猎图外延开始向祥瑞扩展”，出现“祥瑞化的狩猎图”。从中可以看出，封建社会上升时期，社会思想已经摆脱商周奴隶制的禁锢，艺术创作往往从社会现实生活中取材，大胆想象，巧妙构思，寓夸张于真实之中，表现力丰富，体现了汉代生机勃勃的时代精神。

四、弋射

弋射就是用带绳的箭仰射飞鸟。《汉书·司马相如传》颜注："以缴系矰仰射高鸟谓之弋射。"缴即系在箭矢上的绳子，结缴的短矢名矰。使用这种猎具，便于将射中的飞禽收回。为避免射中的飞禽带箭曳缴而逃，缴的下端还坠有圆球状物体，谓之磻。

弋射对象是飞禽，主要是体形较大、飞行较慢的野鸭与雁。《诗经·郑风·女曰鸡鸣》："将翱将翔，弋凫与雁。"凫即野鸭，雁就是大雁、鸿雁。由于雁是候鸟，因此弋射是一种季节性较强的狩猎活动。古代礼制中常以活雁作为礼物相赠，如士大夫初次见面要用活雁作为交往的信物，"六礼"亦要用雁作聘礼。春秋战国时代，雁还是国家之间相互赠送的外交礼物，因此弋射的主要目的是活捉。弋射与一般的射箭不同，弋射箭杆上装备的箭头是没有锋刃的平头箭镞，射中后，通过箭镞的重力将系在箭尾上的丝绳缠绕到雁身上，使其无法飞翔而被活捉。

《礼记·射义》："天子将祭，必先习射于泽。泽者，所以择士也。已射于泽，而后射于射宫，射中者得与于祭，不中者不得与于祭。"弋射原是一种狩猎手段，在阶级社会里，它同围猎、骑射一样逐渐成为统治阶级的消遣方式。弋射图常作为宴乐的一种描绘出现在青铜礼器上，这是原因之一。

弋射的应用和弩的发明，把人类与自然斗争的智慧和能力，又向前推进了一步。弋射是我国古代劳动人民进行生产、征服自然一项极其重要的发明。汉代以后，猎鸟捕鱼工具有了多样化发展，弋射失却应用场景，相关工具就慢慢失传了。

收获弋射画像砖，东汉，1972 年出土于四川省大邑县安仁镇。长 45.6 厘米，宽 39.6 厘米。整个画面分为上、下两部分：上部为弋射图，右为莲池，池内漂浮着莲叶，水中有鱼鸭遨游，空中有大雁正向东西两边疾飞，左边树荫下隐蔽着两个张弓欲射的弋人。下部为收获图，一人挑担提篮，三人俯身割穗，两人手持长镰刈禾，表现了收获季节田间劳作的情景，具有浓厚的生活气息。

收获弋射画像砖及其拓片

绿釉鸡冠壶

一、文物品鉴

绿釉鸡冠壶

绿釉鸡冠壶，辽代，高 36.5 厘米，腹径 16.9 厘米，底径 11.6 厘米，现藏于新乡市博物馆。壶体扁身平底，上扁下圆，下腹微鼓，圈足稍外撇。直口，管状流，提梁较高并有指捏纹。梁下及腹部下侧均装饰有凸弦纹。通体施绿釉，釉色厚重均匀，釉质莹润光亮，釉面有流动痕迹及细碎纹片，近足部露胎，整体风格典雅纤秀。

二、文化解读

辽瓷是辽代所制陶器、瓷器的统称，在辽朝手工产品中占有重要地位。在没有陶瓷业以前，契丹人日常生活所使用的器皿是游牧民族习用的木制器皿、皮囊和粗陋的泥质陶器。辽代陶瓷器制作基本承袭唐代陶瓷工艺，并吸收五代和北宋中原地区的新工艺，经发展创新形成自己的特色。

早期的契丹民族过着“逐水草而居”的游牧生活，马匹、刀剑、皮囊是必备的生活用品。皮囊是用皮革缝制的盛水、盛酒器，携带方便，但无法长时间储存液体，易使液体变质。唐末五代，契丹族通过与中原的交往，学习了中原的制瓷技术，后仿照本民族皮囊的样式制作了最早的鸡冠壶。鸡冠壶因其顶部形状酷似鸡冠而得名，亦称马镫壶、皮囊壶，辽代汉语称为“马盂”，即马上所携带的容器。《辽史·兵卫志》载：“辽国兵制……人铁甲九事……火刀石、马盂……皆自备。”鸡冠壶造型独特，壶口设计在顶部，即使在马奔跑过程中使用，壶中的液体也不容易洒出来，因而非常适合游牧民族使用。

早期的鸡冠壶上部带孔，方便系上绳子后挂在马上或挎搭在人身上。最早只有一个孔，因为不便固定，逐渐发展成双孔，同时为了防止壶在使用过程中来回滚动，壶身下部也从浑圆形演化成了扁平形。随着城市和农业的发展，契丹族更多地过上定居生活，鸡冠壶不再需要随身携带，而是作为常用器皿摆放在家里，从此带提梁的鸡冠壶逐渐取代了带孔的鸡冠壶。提梁式鸡冠壶不仅有一个提梁作为把手，而且壶底部多做成圈足，方便放在地上或桌上。

鸡冠壶是契丹族与中原民族进行文化交流的产物，是民族融合的一个缩影。其在质地、形制及使用功能等方面所表现的特征，不仅体现了各民族文化的交互影响，而且反映了辽代的社会经济、文化传统、丧葬制度、风俗习惯和审美情趣。

鸡冠壶流行于辽代，金代烧造渐少，元代以后基本不见烧造。从目前的资料来看，鸡冠壶多出土于当时辽代统治的核心地区，如内蒙古、辽宁、河北等地均有出土；且绝大多数出于契丹贵族墓葬，汉人墓葬很少出土。新乡市博物馆收藏的这件绿釉鸡冠壶，高身圈足，壶口加长，釉色鲜亮，形制优美，造型独特，保存完整，在中原地区的其他博物馆均少见到，因而较为珍贵。

三、比较研究

鸡冠壶是辽代契丹族特有的瓷器种类，直接起源于契丹人所使用的皮囊，造型别致，装饰丰富。基本形制为扁体、直身、上部较薄而下部丰硕，短流，壶两侧随器形起线，模拟皮革的缝合痕迹，流旁有提梁或圆孔，便于系绳携带。年代早晚一般要从壶身所保留的皮囊容器的特征来推断。式样大体可分为穿孔式和提梁式两大类。穿孔式又分为单孔和双孔两种。提梁式鸡冠壶有矮身横梁式鸡冠壶、扁身环梁式鸡冠壶和圆身捏梁式鸡冠壶三种基本形式。伴随着契丹族自身的发展以及与中原民族的融合和交流，鸡冠壶的式样越来越丰富，壶身装饰也愈加华丽美观。形制大体经历了从粗矮到细高、由阳刚向挺秀的演变过程，反映了从游牧向农耕生活过渡的契丹人审美观念的变化。

矮身横梁式鸡冠壶主要见于辽代早期，到辽代中期基本消失。壶身呈现出矮扁的特征，重心下移，方便携带。扁身环梁式鸡冠壶多见于辽代中晚期，提梁向上弯成环状，多带圈足，壶身增高变瘦，是介于矮身横梁式鸡冠壶和圆身捏梁式鸡冠壶之间的一种壶型。辽代晚期，壶身变圆，壶体变高，提梁也逐渐演变成较细的大环手。圆身捏梁式鸡冠壶的特点是壶身细高，有圈足，环状的提梁上有手捏的凹坑。这类壶不适合骑马携带，而比较适合定居生活使用，是辽王朝行将结束阶段流行的器物，多见于辽代晚期墓葬。

（一）早期

1. 穿孔式

早期的鸡冠壶较多保留仿皮囊的痕迹，有的甚至把皮条、皮扣、皮雕花、皮绳环梁都一一表现出来。器形一般比较矮小扁圆，流较短。多为穿孔式，有单孔、双孔两种。器身的圆孔用于系绳，便于将壶悬挂在马身上携带。从这些简单、朴拙的装饰特点，可以看到契丹民族以古朴、粗放为美的民族性格和审美情趣。

单孔绿釉鸡冠壶

单孔白釉鸡冠壶

双孔白釉鸡冠壶

2. 提梁式

提梁式鸡冠壶流行于辽代中后期，但它在辽代早期就已经出现。早期提梁式较少，仍有明显的仿皮囊特征，有的壶体贴塑有类似皮条、皮穗的饰物。

白釉绿彩纽带装饰鸡冠壶

1992 年，内蒙古赤峰市耶律羽之墓出土了一件褐釉皮囊式鸡冠壶。直流，半圆形提梁，扁圆腹，平底。流底部饰一周圆凸棱线。褐色釉饱满光亮，壶身亦堆饰了三条凸起的仿皮囊壶带缝。

褐釉皮囊式鸡冠壶

（二）中期

辽代中期以后，经济快速发展，制瓷业充分吸收北宋陶瓷的特点，并从注重产品的结实耐用向追求产品外观的精致华丽过渡。随着契丹民族生活方式逐渐由游牧转为定居，穿孔式鸡冠壶随之衰落下去，系绳所用的两个圆孔渐渐演化为便于手持的提梁。提梁式鸡冠壶的数量明显增多，壶身变高，下部变圆，风格纤巧，渐失马上携带特点，底部也

环梁式绿釉鸡冠壶

出现了圈足，更便于摆放。

吉林省博物院藏绿釉鸡冠壶，圆身环梁式，上部较瘦，下部较肥，直口呈管状，提梁较高并有指捏纹，圈足。陶胎，器身的上半部施以浅绿色釉，下半部则露出胎土的本色。整器色调清新明快、对比鲜明，造型别致，制作精巧。

（三）晚期

鸡冠壶发展到辽代晚期，造型更接近中原风格。提梁壶美观大方，更适合在居室里摆放。其壶体之圆、壶身之高和管状注嘴的细高趋向，已使鸡冠壶朝居室使用的注壶方向发展，彻底脱离了以前的使用场景。此时期器物特点是，壶身渐高，壶腹略鼓，壶身上仿自皮囊的装饰逐渐消失，仿皮制容器的痕迹越来越少。在风格上趋向华丽，变得更加精致。壶身上多雕刻有牡丹花等纹饰，逐渐取代原有的类似皮囊的装饰。

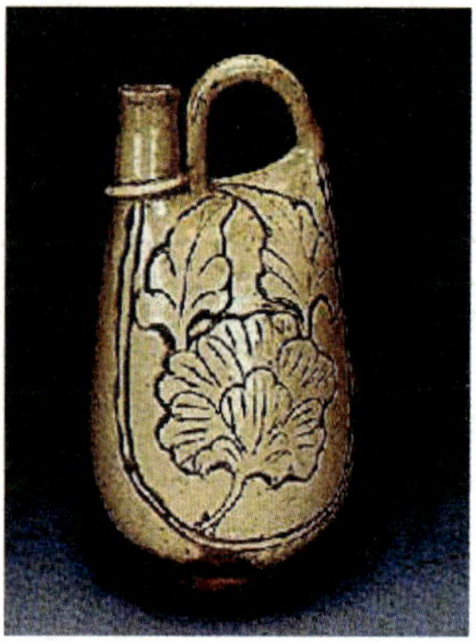
白釉划牡丹花鸡冠壶

白釉划牡丹花鸡冠壶，器形扁圆，高提梁，壶身两侧各刻折枝牡丹一朵，底为圈足，适合居室内摆放。

赤峰窑绿釉牡丹纹鸡冠壶

辽代赤峰窑绿釉牡丹纹鸡冠壶，长管口，下腹微鼓，宽圈足。腹部刻有一朵盛开的牡丹花，线条纤细流畅，刻画生动。绿釉不及底，釉色光亮，开细小纹片，整器形制优美，刻花牡丹富贵。

（四）颜色及其他

黄釉提梁鸡冠壶

鸡冠壶色彩鲜艳，有白、绿、褐、灰、三彩等釉色。绿色釉在辽代鸡冠壶中最为常见，它以铜为着色剂、铝化合物为基本助熔剂，是传统的釉色之一。白釉、黄釉次之，褐釉和茶末绿釉最为少见。随着辽朝的灭亡，陶瓷质地的鸡冠壶也逐渐消失了。

有的鸡冠壶上还贴塑了动物、人物造型，显得更为灵动。1977 年河北省平泉县小吉沟辽墓出土了一件辽代绿釉塑猴鸡冠壶。外表施一层银白色粉。器形较高，扁身平底内凹。短管口，有盖。旁有双孔鼻，两鼻后分别贴塑一猴，呈攀伏状。壶身两面阴刻卷草纹。

目前所见的鸡冠壶，大部分是陶瓷器，也有极少数为其他材质，如 1979 年内蒙古赤峰洞后村窖藏出土、现藏于中国国家博物馆的鎏金银鸡冠壶。壶身形似马镫，壶把为鸡冠形状，壶盖与壶身以银链相连。盖面錾刻对称的四瓣花纹，外沿錾刻八组四瓣花；壶颈四周錾有牡丹纹，壶身两面錾刻精巧，均在菱形图案中錾刻一只花鹿，

绿釉塑猴鸡冠壶

鹿前后各錾刻山石、灵芝、海水，犹如仙境，纹饰部位鎏金。纹饰、制作工艺与唐代中后期的相近，体现了契丹民族与中原地区的交往和文化交流。此壶是辽代金银器中之精品，是目前发现的唯一一件辽代银质鸡冠壶。

鎏金银鸡冠壶

春风桃李一杯酒

——粉彩十二月花卉杯

十二月花卉杯，又称十二月花神杯，此杯以十二只为一套，大小、形制皆相同，以一年十二月为序，每只杯子分别以当月的时令花卉为主题，绘制相应纹饰，并题写相关诗句，诗头、诗尾多落有印章。其始烧造于清康熙年间景德镇，此后历朝皆有制作。十二月花卉杯胎体轻薄，画工细腻，可用可赏，宜赠宜藏，目前传世的以青花、五彩较为多见。《匋雅》载：“康熙十二月花卉酒杯，一杯一花，有青花、有五采，质地甚薄，铢两自轻……若欲凑合十二月之花，诚戛戛乎其难。”

新乡市博物馆藏有一套九件清晚期仿“乾隆年制”款粉彩花卉杯，杯身为马蹄形，这是在康熙五彩花神杯基础上创新的器形。整套大小、形制皆相同，高 5.3 厘米，口径 8.8 厘米，底径 4.8 厘米。撇口，深腹，平底，圈足。每杯外壁绘时令花卉，并楷书墨彩七言诗一句，诗句以月份数字开头，别有趣味。首有“仁化”二字红色竖款，诗尾落篆书印章两枚，上白文“德高”，下朱文“志远”。杯内底心亦绘有和外壁相同的花卉，别致精美。

外底有青花双方框，外粗内细，青花楷书“乾隆年制”四字款。

一月迎春花杯，杯身绘迎春与月季，迎春花朵以淡墨圈出，并施淡黄加以点染，与下方月季相互映衬，清雅隽秀，内底绘折枝迎春花一枝。题诗曰“一杯相属成知己”，出自明代高启《逢张架阁》：“花落江南酒市春，逢君归骑带京尘。一杯相属成知己，何必平生是故人。”“相属”，即互相劝酒或向人敬酒。如唐代韩愈《八月十五夜赠张功曹》：“沙平水息声影绝，一杯相属君当歌。”宋代苏轼《前赤壁赋》：“驾一叶之扁舟，举匏樽以相属。”“相属”亦有“和人诗词”之意，如苏轼《和王晋卿》诗序：“感叹之余，作诗相属。”

一月迎春花杯

二月玉兰花杯，绘黄色玉兰花，玉兰花吐蕾展瓣，婀娜多姿，下有青竹点缀，充满生机。题诗曰“二人对酌山花开”，出自唐代李白《山中与幽人对酌》：“两人对酌山花开，一杯一杯复一杯。我醉欲眠卿且去，明朝有意抱琴来。”诗句描绘了作者与友

二月玉兰花杯

人在山花烂漫的幽雅之境中对饮，酒逢知己，没有“独酌无相亲，举杯邀明月，对影成三人”的孤独，便“一杯一杯复一杯”地开怀畅饮。此句在宋代李复《答安阳叔两绝》中也有借用：“两人对酌山花开，青天露坐始此回。嗟我与君皆老矣，且尽尊前有限杯。”

三月桃花杯，绘盛开桃树一株，主干以粗笔挥写，盘曲蜿蜒，枝头桃花灼灼，明媚美艳。题诗曰“三升竹露春壶满”，出自宋代陆游《戏咏闲适》：“剡曲稽山是故乡，人言景物似潇湘。三升花露春壶满，八尺风漪午枕凉。”“竹露”即竹叶青酒，历史悠久，享有盛誉。南北朝时期，南梁简文帝萧纲就有诗云“兰羞荐俎，竹酒澄芬”。北周文学家庾信《春日离合二首·其二》曰：“田家足闲暇，士友暂流连。三春竹叶酒，一曲鹍鸡弦。”至唐，竹叶青更是广受欢迎，为酒之上品。《怀素上人草书歌》中有“骏马迎来坐堂中，金盆盛酒竹叶香。十杯五杯不解意，百杯已后始颠狂”。“春壶”指酒瓶，唐人多称酒为“春”，晚唐诗人司空图《二十四诗品·典雅》中有“玉壶买春，赏雨茅屋”。“玉壶春瓶”即为盛贮美酒的瓶子，传因“玉壶春”酒而得名。宋至元代玉壶春瓶用作酒器，明清时渐变为陈设瓷。

三月桃花杯

四月牡丹花杯，绘粉色大朵牡丹，牡丹富丽饱满，雍容华贵。题诗曰“四腮鲈嫩清樽浅”。四腮鲈为鲈鱼之一种，系松江名产，肉嫩而肥，鲜而无腥味，有四腮，故称。隋炀帝称此鱼为“金齑玉鲙，东南佳味”。唐代白居易、韦应物等皆有赋咏鲈鱼之诗作。宋代陆游《秋日郊居》曰：“车荡比邻例馈鱼，流涎对此四腮鲈。北窗雨过凉如水，消得先生一醉无？”他的另一首诗《记梦》亦云：“团脐霜蟹四腮鲈，樽俎芳鲜十载无。”在古典文学中，鲈鱼还被赋予了更为深层的内涵，即代表思乡之情。《汉书》载，西晋张翰在洛阳为官，见秋风起，怀念家乡吴中的莼菜、鲈鱼，作《思吴江歌》：“秋风起兮木叶飞，吴江水兮鲈正肥。三千里兮家未归，恨难禁兮仰天悲。”后张翰弃官回乡，成语“莼鲈之思”成为思乡的代名词。

四月牡丹花杯

十二月花卉杯以十二只为一套，新乡市博物馆缺五月、七月、八月杯，参考北京故宫博物院存世品，可知五月为榴花杯。题诗曰“五粒松枝醉亦攀”，出自唐代张籍《送韩侍御归山》：“闻君久卧在云间，为佐嫖姚未得还。新结茆庐招隐逸，独骑骢马入深山。九灵洞口行应到，五粒松枝醉亦攀。明日河声出城去，家僮不复扫柴关。”“五粒松”因一丛五叶如钗形而得名；或以为五粒之“粒”当读为“鬣”，讹为“粒”，每五鬣为一叶，故又称“五鬣松”。《太平御览》卷九五三引周景式《庐山记》：“石门岩即松林也。南临石门涧，涧中仰视之，离离骈麈尾，号为麈尾松，西岭异然如马鬣，又叶五粒者，名五粒松。”

五月榴花杯

六月荷花杯，绘黄色盛开荷花，荷花风姿绰约，优雅柔美。题诗曰“六宫粉黛无颜色”，出自唐代白居易脍炙人口的《长恨歌》：“回眸一笑百媚生，六宫粉黛无颜色。”诗句描写了“集三千宠爱在一身”的杨贵妃倾国倾城的姿色，虽未直接写酒，但从《长恨歌》中“金屋妆成娇侍夜，玉楼宴罢醉和春”之句可知杨贵妃擅饮，醉后千娇百媚，尤为动人，相比之下“六宫粉黛”也黯然失色。由此创作的《贵妃醉酒》也是家喻户晓的京剧名段。

六月荷花杯

七月蜀葵杯，题诗曰“七年乌帽抗黄尘”。诗句出自北宋大书法家米芾《米襄阳呈陈建州诗卷》：“七年乌帽抗黄尘，昼锦归来世又新。若过武夷山下看，人间不大敞精神。”“黄尘”即黄色的尘土，象征俗世、尘世。明代高启《江上晚眺图》诗曰：

七月蜀葵杯

“观图忽起沧洲想，身堕黄尘又几年。”“乌帽”即乌纱帽，原是民间常见的一种便帽，东晋时，官员始戴乌纱帽，但作为正式官员穿戴，始于隋，兴盛于唐。乌纱帽后成为官职的代名词。诗句表达了作者对岁月流逝、宦海沉浮之感慨。

八月桂花杯，题诗曰“八年流落醉腾腾”。诗句出自韩偓《腾腾》：“八年流落醉腾腾，点检行藏喜不胜。乌帽素餐兼施药，前生多恐是医僧。”韩偓为晚唐大臣、诗人，字致尧（一作致光），自号玉山樵人，被尊为“一代诗宗”。其前期在朝为官，仕途得意，诗风浪漫艳丽；中后期历经贬谪及战乱，屡经转徙，诗作多叙写人生坎坷，抒发悲愤之情。300年后，有着相似人生际遇的金代文学家元好问，在其诗作《晓起》中，对此句亦有借用：“鬓毛衰飒病凌兢，暂入红尘倦不胜。学似玉山樵客了，八年流落醉腾腾。”

八月桂花杯

九月菊花杯，绘黄、紫菊花及若干花蕾。花头大而饱满，花瓣层次较多，繁而不乱；菊叶舒展，叶筋、叶脉勾勒细腻，浓淡自然。题诗曰“九朵芙蓉当面起”，出自元代诗人杨维桢《题盛叔章画》：“九朵芙蓉当面立，一双鸂鶒近人来。”芙蓉多临水而生，芙蓉花照水而开，宋代大文豪苏东坡有诗赞曰：“溪边野芙蓉，花水相媚好。”照水芙蓉，湿红摇影，花光入波，应是美妙多姿。赏花常伴饮酒，唐代诗人王维《临湖亭》：“轻舸迎上客，悠悠湖上来。当轩对樽酒，四面芙蓉开。”美景与美酒相伴，酒到酣处，吟诗作赋，向来是文人士夫常行的风雅之事。明代吴中才子祝允明《新春日》：“有花有酒有吟咏，便是书生富贵时。”

九月菊花杯

十月天竺杯，绘天竺数枝，分枝布叶井然有序，羽状叶片叶叶相对，串串天竺子红宝石般挂于枝头。“天竺”又名“南竹子”“南天竹”，因叶子似竹叶而得名。果实成串，小而红艳，似珊瑚，民间常视之为象征多子多孙的吉祥之物。题诗曰“十分酒写白金盂”，出自白居易《问少年》：“千首诗堆青玉案，十分酒写白金盂。回头却问诸年少，作个狂夫得了无。”白居易，字乐天，号香山居士，又号醉吟先生，唐代伟大的现实主义诗人。除讽喻诗外，他一生也创作了大量和酒有关的诗作，如《不如来饮酒七首》《对酒五首》《问刘十九》等。传说白居易自家酿的酒，质高出众，曾为自家酒作诗道：“开瓶泻樽中，玉液黄金脂。持玩已可悦，欢尝有余滋。一酌发好容，再酌开愁眉。连延四五酌，酣畅入四肢。”

十月天竺杯

十一月水仙杯，绘水仙数株，黄花绿叶，花叶繁茂，纵横交错，清新脱俗。叶片以细笔勾勒轮廓，填之以浓淡深浅绿色，细长飘逸；淡黄花朵点缀其间，典雅素净。题诗曰“十里一色杏花红”，借用自苏轼《送蜀人张师厚赴殿试二首·其二》，原诗为：“云龙山下试春衣，放鹤亭前送落晖。一色杏花三十里，新郎君去马如飞。”水仙是我国十大传统名花之一，因其冰清玉洁、清秀典雅，被誉为“凌波仙子”，是书房案几常见的清供花卉，与兰花、菊花、菖蒲合称“花草四雅”。水仙花期在岁末年初，常常用来作岁朝清供，与梅花、茶花、迎春花并称“雪中四友”。此句也未直接写酒，但从“杏花”一词，人们很容易联想到杜牧《清明》中那句流传极广的“借问酒家何处有，牧童遥指杏花村”。

十一月水仙杯

十二月梅花杯，绘蜡梅、红梅两色花，上下呼应。梅花树干粗壮，新枝挺秀，盛开的花朵和含苞待放的花蕾错落有致。杯身构图疏朗大方，暗香浮动。题诗曰“十二街中看色偏”，借用自唐代徐夤《放榜日》，原诗为：“喧喧车马欲朝天，人探东堂榜已悬。万里便随金鸑鷟，三台仍借玉连钱。花浮酒影彤霞烂，日照衫光瑞色鲜。十二街前楼阁上，卷帘谁不看神仙。”与此句更相近的有宋代张玉娘《咏史·贾浪仙》：“乘驴迢递走红尘，十二街中草色春。不是眼空京兆尹，敲推原已入诗神。”唐代长安皇城南北七街、东西五街，因此唐诗中多以“十二街”借指长安城的街道。如韩愈《南内朝贺归呈同官》：“绿槐十二街，涣散驰轮蹄。”白居易《登乐游园望》：“下视十二街，绿树间红尘。”

十二月梅花杯

花鸟传情，花木寓兴。古人爱以花木入画，将人的情感、品格寓于美好的花木之中。十二月花卉杯所绘花木，因南北地域、物候、文化不同而略有差异，排序也无定制，无固定说法，但大同小异。除上述品种外，杏花、兰花、芙蓉、茶花等也常见于杯上。

馆藏粉彩十二月花卉杯，设色柔和典雅，美而不艳；所绘四时花卉清异秀出，形神俱佳，或娇嫩含羞、轻盈妩媚，或舒展灵动、风姿绰约，交相辉映，各具意态；杯身画面布局不求整齐对称之仪式感，以天然意态为尤。虽不为整套，但从烧造工艺、诗书画印来看，与目前存世成套的相比，仍有独特之处。尤其是杯身所题诗句，以点明月份的数字开头，内容多直接或间接与酒相关，构思巧妙，不落俗套。相对于康熙花神杯，本品烧制数量其实更少，能保存至今，实为不易。

闲来茶当酒，兴至书作花。古代达官显贵、文人墨客品茗饮酒，兴之所至都爱赋诗作画。诗增添了饮酒之乐趣，而酒则帮助释放了诗的精魂。以诗衬画，诗酒书花，将绘画、诗词、书法、篆印同时呈现于杯身，诗情画意两相浓，未饮先得三分醉。日常所用之器物由此便有了更高的观赏价值，人们在品味美酒的同时也能感受到美器的韵味。

草色人心相与闲

——花草人物纹陶瓷枕

《说文解字》曰，“枕，卧所荐首者”。“荐”即衬垫，“首”为头部，“枕”就是睡觉时用来衬垫头部的东西。陶瓷制枕始于隋，流行于宋金时期，在当时成为“无贵贱通用之”日常器物。作为文物，瓷枕在历史的长河中融科学技术、艺术审美、民俗文化与保健医学于一体，文化内涵和艺术价值极为丰富。作为艺术品，瓷枕既是日常寝具，亦为风雅之物，具有雅俗共赏、老少皆宜的特点。它从实用出发，兼顾到审美的要求，造型多样，纹饰丰富，融绘画、书法、诗歌、雕塑、造型、纹饰、色彩为一体，体现出民间陶瓷美术的神韵，表现了古代陶工对美好生活的向往和追求，是研究这一时期民间思想观念、社会风尚和生活习俗的重要实物史料。

新乡市博物馆收藏的98件陶瓷枕，其年代由唐迄清，尤以宋金居多。从纹饰上看，有人物、花草、鸟兽、诗文等；从器形上说，有长方形、八角形、束腰形、腰圆形、银锭形、扇形、如意形，及动物、人物造型等；从装饰技法上分，涵盖了刻花、划花、剔花、印花、绞胎、绞釉、贴塑、镂空等。

1. 绿釉剔花牡丹纹如意头形枕，金代，长 30.5 厘米，宽 23.5 厘米，高 13 厘米。枕呈如意头形，施绿釉，底部无釉。枕面剔地留出牡丹纹饰，花朵呈三角形，富丽丰满。叶片围绕花朵卷曲旋转。整体花叶并重，寓意富贵吉祥。入宋以来，牡丹纹成为主要装饰题材，也是出现最多、使用最久的花卉纹样。在瓷枕装饰中，使用最多的莫过于牡丹纹。牡丹花头硕大，雍容富贵，被称为“富贵花”“花王”，在宫廷和民间都具有极高的地位。此枕器形与纹饰相得益彰，表现出亦俗亦雅的审美特色。

绿釉剔花牡丹纹如意头形枕

2. 绿釉刻花银锭形枕，宋代，长 23 厘米，宽 13.3 厘米，高 10.7 厘米。通体施绿釉不及底，釉色翠绿鲜亮，枕面两侧上翘，中间弧形下凹，枕底平坦。枕面刻画几何纹花样，枕壁正背两侧为阳文印花缠枝牡丹纹，纹饰规范有致；左右两侧为阳

绿釉刻花银锭形枕

文印花高台牡丹纹，构图层次分明，透气孔巧妙隐藏在牡丹花下。银锭形枕亦称“元宝形枕”“马鞍形枕”，流行于宋代。特点是枕面下凹弧度较大，两边上翘，大都不出檐，枕壁多内收。

3. 绿釉莲荷纹腰圆形枕，宋代，长 21 厘米，宽 14.5 厘米，高 7 厘米。全器除底部外施绿釉，枕面边缘较高，中间微微下凹，枕的立面环周为绿釉素面，枕墙背面中间部位有一小圆孔。枕面随枕形用篦状工具刻画出八条弦纹开光，内刻画折枝荷花，莲花盛开，荷叶舒展，一花一叶，构图简洁匀称，线条清晰流畅，图案优美清雅。

莲花又名“荷花”，莲荷纹是陶瓷器装饰的主要纹样之一，也是典型的宗教纹样之一。作为佛教标志的莲花，代表“净土”，象征“纯洁”，寓意“吉祥”。宋代以降，佛教世俗化，莲荷纹大量出现，但宗教意味已经淡薄。

腰圆形枕是瓷枕典型样式之一，流行于北宋和金代，特点是枕前壁明显内凹，后壁外弧，前低后高，整体呈肾形。此枕体形较小，只有 21 厘米长，为典型的宋代小枕。

绿釉莲荷纹腰圆形枕

4. 三彩刻花束腰形枕，宋代，长 30.5 厘米，宽 14 厘米，高 14 厘米。长方形，内空，造型中规中矩，两端近似正方形，向中间弧形下凹，对称且具曲直变化。枕六面皆有纹饰，枕面分左、中、右三区，两侧绿彩作底，中间黄彩为底，饰黄、绿、白三彩划花卉纹。枕两侧面有正方形线框，内刻画朵花纹。两个透气孔巧妙开在花蕊上。

束腰形枕亦称“亚腰形枕”，横长形，两端面为方形，其余四面内曲，中腰收紧，流行于宋代。这种造型四面皆可枕，且每面都可做不同装饰，实用性非常强。宋代王安石曾言：“夏日昼睡，方枕为佳。”盖指此类型枕。

宋三彩是宋金时期生产的低温彩色铅釉陶。陶质胎体主要用刻画方法进行装饰。在第一次烧成涩胎后，按纹饰需要填入彩色釉，再经第二次烧成。与唐三彩相比，宋三彩虽不见蓝釉，但画面生动，填色规整。

三彩刻花束腰形枕

5. 白釉剔花牡丹纹八角形枕，北宋至金，长 27 厘米，宽 16.4 厘米，高 10 厘米。八角形，枕面不出檐，白色化妆土罩透明釉，刻画折枝牡丹，花头硕大，雍容华贵，周边以肥硕枝

白釉剔花牡丹纹八角形枕

叶衬托，纹样间隙部位还用篦状工具划复线补白。底部有一小透气孔。

八角形枕属箱形枕式，流行于宋金时期；河北磁州窑、河南登封窑均有烧制；分枕面出檐和不出檐两种。此枕形制较为少见，虽为八角形，但前立壁明显内弧，从功能上看更有助于睡眠。

6. 白釉黑彩缠枝牡丹纹枕，北宋至金，长 31.5 厘米，宽 22 厘米，高 12 厘米。枕呈腰圆形，枕面微下凹，两头略翘，枕面白釉黑彩饰缠枝牡丹纹。花枝分杈向两边弯曲，枝上小卷叶纹饰繁密，枝头分别缀以盛开牡丹，争奇斗艳，两花中间、花枝上下有位置适中的两片大花叶。线条纹、卷叶纹交错相间，装饰在枕面边沿；枕面与枕壁的转折处饰有黑色宽带；枕壁亦饰缠枝牡丹纹一周，花叶并茂，线条流畅。此枕釉质光亮，纹饰布局繁而有序，自由灵活又不失严谨，是当阳峪窑之佳品。

白釉黑彩缠枝牡丹纹枕

7. 三彩开光荷花纹腰圆形枕，金代，长 33.5 厘米，宽 23 厘米，高 10.5 厘米。枕呈腰圆形，砖红胎遍施白色化妆土。枕面篦划分成两个部分：内区半圆，内划刻荷花，点绿、黄彩，形

三彩开光荷花纹腰圆形枕

成绿叶、黄花，白色化妆土罩透明釉为地；外区划刻卷草纹。枕墙近面处有篦划一圈带饰，满涂绿釉到枕墙中间，下半部无釉，露白色化妆土。后墙有一气孔。器形饱满，填色规整，胎体较轻。

8. 三彩刻花牡丹纹腰圆形枕，金代，长 33 厘米，宽 25 厘米，高 11 厘米。枕面前低后高，前壁微凹，后壁圆鼓并有一孔。枕面施黄、绿、白三彩，纹饰复杂，有数层图案。枕面最外一圈为九朵大花组成的辅助纹饰，内以五条刻线形成豆形开光，开光内又有白色扁菱形线框，正中心刻白色牡丹一朵，周围有卷草纹环绕，施绿彩。豆形框与菱形框之间亦有黄、绿彩卷草纹补白。枕墙一周刻画卷叶纹。此枕体形较大，制作规整，造型端庄大方，线条清晰流畅，釉色均匀鲜艳，花卉图案和边饰形成主次对比，划花技法介于拘谨与奔放之间，是磁州窑三彩器之精品。

三彩刻花牡丹纹腰圆形枕

9. 绿釉剔花高台牡丹纹腰圆形枕，金代，长 28 厘米，宽 21 厘米，高 9.5 厘米。装饰运用剔花技法，枕面内心剔地露出高台牡丹，花朵及叶用尖物勾描。整个枕面及

绿釉剔花高台牡丹纹腰圆形枕

枕墙遍施绿釉，露胎处呈深墨绿色，花卉呈浅绿色，形成明暗对比，纹饰突出，浮雕感很强。

牡丹因具有雍容雅致的风姿而被看作吉祥的象征，象征幸福美满和富贵昌盛。瓷枕上牡丹纹品种极多，仅牡丹花头的画法就不下几十种，有两层多瓣式、三层多瓣式、宝塔形等，表现了古人以物喻性、追求美好的愿望。

绿釉刻花瓜瓞纹腰圆形枕

10. 绿釉刻花瓜瓞纹腰圆形枕，金代，长 28 厘米，宽 20 厘米，高 10 厘米。枕面随枕形篦划开光，内刻画瓜瓞纹。一瓜两叶，构图简洁，主题突出，线条流畅，刻画生动。瓜、叶虽在同一平面上，立体感却很强，充分显示了窑工高超的技艺水平。《诗经·大雅·绵》:“绵绵瓜瓞，民之初生。”瓜蔓缠绕，末端结实，大的叫瓜，小的曰瓞，寓意子孙万代像瓜瓞一样繁衍昌盛，相继不绝。

11. 白地黑花人物故事纹长方形枕，北宋至元，长 32 厘米，宽 15 厘米，高 13.5 厘米。枕呈长方形，枕面出檐，前低后高，通体绘有黑彩装饰。凡人物入画，必有故事，此枕所绘即《携琴访友图》。枕面菱形开光内绘一老者衣袂飘飘，携琴行走于郊野，周围衬以树木小景；开光外四角绘花卉。侧面四开光内分别绘折枝花及荷花。枕底部素胎无釉，有双栏阴文楷书“张家造”长方形竖款，上覆一荷叶，下托一荷花。此枕图案画风成熟，布局合理，注意远、近景空间的表现，人物与景色融为一体，达到了画面细致逼真及人物形神兼备的艺术效果。

长方形枕是瓷枕最基本的造型，贯穿瓷枕发展始终，并在此基础上发展变化出其他新的造型，如长方形束腰枕。枕面平且大，适合写诗作画，目前所见的长方形枕上保存了大量的诗文图画，具有很高的艺术、历史价值。

白地黑花人物故事纹长方形枕

12. 印花扇形枕，金代，长 31 厘米，宽 17.5 厘米，高 10 厘米，1948 年于河南辉县出土。枕呈扇形，前墙内曲，弧度明显，后墙为如意头形。枕面及左右两侧枕墙施绿釉，后枕墙模印缠枝莲花纹，施黄釉，枕面依稀可见有刻画纹饰，惜脱釉严重，已无法辨识。观台磁州窑出土有较多的此式素面枕，属于金代中

印花扇形枕

后期的造型。

扇形枕即弧边长方形枕，特征是枕前墙内曲，后墙随之外凸，形成弧状。有的为了美观，将后墙塑成如意头形。

13. 黄釉粉彩紫藤纹瓷枕，清代，长 30.2 厘米，宽 13.5 厘米，高 10 厘米。枕呈长方形，略扁，束腰，中空。馆藏此枕一对两只，枕四面饰黄地粉彩紫藤纹，牡丹纹为陪衬，花朵娇艳，花苞妩媚，粉花绿叶，摇曳多姿，春意盎然。瓷枕两端外面侧饰镂空双钱眼纹；内侧一面开如意花形通气孔，开孔较大。紫藤纹是明清时期颇受欢迎的装饰图案，从服装到佩饰、从日用器皿到装饰摆件，几乎都能看到紫藤纹的影子。双钱眼纹，流行于清

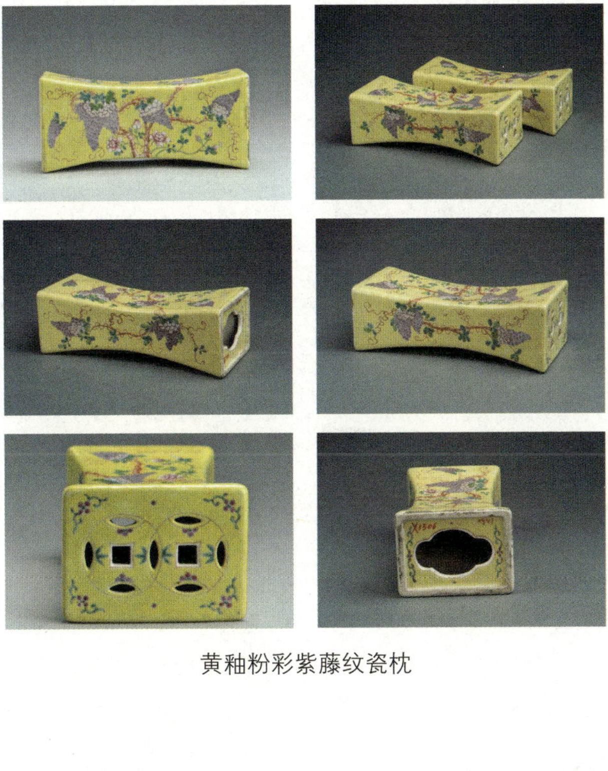

黄釉粉彩紫藤纹瓷枕

代，双钱相交，钱眼镂空。“钱眼”喻“眼前”，双钱又称“双泉”，喻“双全”，“双钱眼”有“富贵双全”“眼前即富”的意思。此枕瓷胎坚硬，釉质光亮，所绘图案清秀明丽，布局得当，属清末作品。

游鱼鸟兽皆灵动

——宋金动物纹陶瓷枕

瓷枕虽为实用之物，但在实用之余，具备很高的观赏、陈设和审美价值。丰富的装饰内容，浓郁的生活气息，深厚的文化内涵和艺术底蕴，使其成为当时人们生活风俗习惯的真实写照。宋代以降，由于世俗化进程的加快和瓷绘工艺的成熟，陶瓷枕上的装饰纹饰更加丰富，其中动物题材的纹饰占了较大比例。陶瓷枕上的动物题材纹饰既有珍稀罕见之狮虎瑞兽，也有当时生活中常见的禽鸟游鱼，较前代增添了许多乡野世俗趣味。受宋代文人画影响，瓷枕绘画手法成熟，并逐渐表现出程式化、规范化的发展趋势。

新乡市博物馆收藏带有动物纹饰的陶瓷枕 15 件，纹样有狮、虎、仙鹤、鸳鸯、鹭鸶、游鱼等，根据不同的动物题材可分为瑞兽纹陶瓷枕、禽鸟纹陶瓷枕、游鱼纹陶瓷枕三大类型，具有鲜明的时代性，是研究当时陶瓷工艺、民风民俗及陶瓷发展史的重要实物资料。现选取其中 11 件典型的动物纹陶瓷枕进行具体介绍。由于磁州窑陶瓷枕烧造“延续了三百年之久”，风格也有延续性，暂将一些确切年代判定尚有困难的陶瓷枕定为宋金时期。

一、瑞兽纹陶瓷枕

三彩狮形枕

1. 三彩狮形枕，北宋，长 22 厘米，高 9.5 厘米。枕呈卧狮状，通体施釉，釉色主要为黄、绿、褐、白。狮背为枕面，枕面出檐，呈如意云头状。狮子前肢并拢向前，后肢内曲，长长的狮尾盘至脑后。整体刻画生动，线条流畅。枕面平素，边缘有一周单线纹。“磁州窑的低温三彩铅釉陶是唐三彩陶的继续，……以黄、绿、褐三色为主”。此枕即为低温三彩铅釉陶，属河南地区产品。

绿釉双狮枕

2. 绿釉双狮枕，北宋至金，长 17.5 厘米，宽 11 厘米，高 9 厘米。枕呈卧狮状，模印双狮戏绣球。狮背为枕面，枕面出檐，呈如意云头状。器表以绿釉为主，狮子两目黑彩，眉毛、胡须部位略有黄褐彩。一个透气孔开在枕前面中央上部。

《坤舆图》记载，狮“为百兽王，诸兽见皆匿影。性最傲，遇者亟俯伏，虽饿亦不噬。……又最有情，受人德必报。……掷以球，则腾跳转弄不息”。狮子在古代被视为“百兽之王”，佛教收其为坐骑。狮子图案频繁出现在中国的图案纹样中，以象征威严、权力与吉祥。民间认为，狮、虎形枕有镇宅辟邪之功用，据说还能防做噩梦，体现了古人逢凶化吉的心理寄托。

3. 绿釉划花兔纹腰圆形枕，北宋至金，长 28.5 厘米，宽 20.5 厘米，高 10 厘米。枕呈腰圆形，枕面前低，周缘较高，中间微微下凹。外施绿釉，底部露胎，胎体微红。枕墙为绿釉素面，背面中部有一小气孔。枕面用篦状工具随枕形刻画出三条粗弦纹，形成腰圆形开光，开光内刻画一只卧伏于草丛中的兔子。兔子体态丰满肥壮，形象逼真可爱，前后及上方各有一株草。此枕器形饱满，釉色鲜亮，画面充实，刻画生动，是一件不可多得的艺术佳品。

绿釉划花兔纹腰圆形枕

“皎如霜辉，温如玉粹”，“其容炳真，其性怀仁”。兔子是一种吉祥温和的动物，一胎多产，繁殖力极强。在中国古代神话中，白兔在西王母身侧，为其炼制不死丹，因此兔子常被用来象征长寿。瓷枕上的兔子图案，反映了古人希望多子多福、儿孙满堂、福祚绵延的心理诉求。

4. 白釉褐彩虎形枕，金代，长 32 厘米，宽 12.5 厘米，高 10.3 厘米。灰白胎，胎体厚重，施白色化妆土、透明釉。此枕形状为一只卧虎，虎身施褐彩斑点虎皮纹，以虎背为枕面。虎面部、眉骨凸出，双目圆睁，口微张，露出利齿。枕面随枕形开光，开光内白地绘褐彩凤凰牡丹纹。画面正中一只凤凰，顶有高冠，后曳长尾，展翅欲飞。左侧绘折枝牡丹，右侧有树一株。

虎身左侧靠上方绘盛开的花朵，花蕊正中开气孔。凤凰、白虎均属珍禽灵兽，故此枕极具吉祥寓意。

《风俗通义》曰："虎者，阳物，百兽之长也，能执搏挫锐，噬食鬼魅。"《西京杂记》载："李广与兄弟共猎于冥山之北，见卧虎焉。射之，一矢即毙。断其髑髅以为枕，示服猛也。"盖此为虎枕之滥觞。《新唐书·五行志》亦载："韦后妹尝为豹头枕以辟邪，白泽枕以辟魅，伏熊枕以宜男，亦服妖也。"

虎形枕的气孔通常开在虎的头部，大多巧借鼻孔为气孔，而此枕的开孔较为特殊。此外，虎形枕多为黄褐釉，而此枕为白釉褐彩，亦较为少见。

虎枕于唐代出现，流行于宋金时期，多见于山西长治窑，河南一些窑场也有出土。山西长治博物馆藏三彩开光竹雀纹卧虎枕，底部墨书"贞元三年六月五日王造"；上海博物馆藏金代黄褐釉彩虎形枕，底部墨书"大定二年六月二十六日□□"；山西博物院藏金代黄褐釉彩虎形枕，有墨书"大定二年"；河北博物院藏黄褐釉彩虎形枕，有墨书"泰和五年"。以这些带有明确纪年的陶瓷枕作为标准器，同类器物一般都定为金代。

白釉褐彩虎形枕

二、禽鸟纹陶瓷枕

1. 绿釉刻花鸟纹如意形枕，北宋至金，长 26 厘米，宽 21.5 厘米，高 9 厘米。枕呈如意形，通体施绿釉，釉色鲜亮。枕面篦划数道弦纹，形成如意形开光，开光内绘折枝花卉。画面中央一只长尾雀鸟立于枝上，周围一圈卷叶纹环绕，茎干长短适度，舒展有力。此枕器形规整，图案线条流畅，构图饱满，繁简得当。

绿釉刻花鸟纹如意形枕

花鸟传情。《宣和画谱》卷十五《花鸟叙论》曰，“故花之于牡丹芍药，禽之于鸾凤孔翠，必使之富贵；而松竹梅菊，鸥鹭雁鹜，必见之幽闲”。磁州窑陶瓷枕上的绘画，“艺术上借鉴了宋代院体花鸟画，但在具体表现上却舍弃了院体画一些柔媚之处，而多了些淳朴之味，将其改造得生趣盎然，从而迎合了普通民众的欣赏口味”。

2. 绿釉莲池鸳鸯纹腰圆形枕，北宋至金，长 28 厘米，宽 18.5 厘米，高 9 厘米。腰圆形，枕面前低，边缘稍高，中间微微下凹，底部平坦，背面中部有一气孔。砖红胎，施白色化妆土，枕面及枕体上半部施绿釉。枕面腰圆形开光内刻画花纹。画面中央为残荷，左边

绿釉莲池鸳鸯纹腰圆形枕

有芦苇数棵，右侧有鸳鸯一对，一只水中游弋，一只展翅飞翔，左上侧天空有三只列队飞翔的大雁。此枕画面虽用笔不多，但内容丰富——野塘鸳鸯，败草残荷，大雁南飞，表现的是一派凋零的深秋景色。

鸳鸯历来被人们视为爱情的象征，鸳鸯纹自隋唐以来大量出现。池塘风物作为瓷器的装饰题材始于唐代，但其时的画面呈现、构图形式单一，还未与各类水禽形成组合。宋瓷上的鸳鸯戏莲纹比较普遍，鸳鸯常常是成双成对出现，有时在莲池中游荡，有时在空中飞翔。磁州窑系产品上的池塘水禽纹多为全景式构图，常见莲荷、芦苇、鸳鸯、鹭鸶、鹤等题材，多表现自然野逸之景。这类纹饰出现在金代，北宋较少，故此枕为金代的可能性更大。

绿釉芦雁纹腰圆形枕

3. 绿釉芦雁纹腰圆形枕，北宋至金，长 28.5 厘米，宽 21 厘米，高 8.5 厘米。腰圆形，枕面前低，边缘较高，中间微微下凹，背面中部有一气孔。胎体表面施白色化妆土，枕面及枕体上半部施绿釉，釉面光亮。枕面篦划腰圆形开光，内饰飞雁衔芦苇纹。正中央一只大雁昂首展翅，口衔芦苇一枝；苇叶柔韧，弯曲成半圆形。画面简洁，线条流畅。

古人称，雁有四德：信、礼、节、智。雁来往顺时，行列有序，知礼守节，是为祥禽，遂引以为为臣之道。《仪礼·士昏礼》："昏礼。下达，纳采用雁。"宋人重伦理，是以婚礼亦用雁。芦苇作为陶瓷的装饰题材最早出现于唐代。芦雁纹为民间吉祥纹样，源于唐代的雁衔绶纹，在宋金时期一度流行，也是磁州窑系产品的代表性纹饰。旧时科举廷试一甲一名为状元，因雁善鸣，"鸣"与"名"谐音，初生的芦苇称"葭"，《诗经·秦风·蒹葭》中即有"蒹葭苍苍，白露为霜"句，"葭"又与"甲"谐音，芦雁纹便代表考中状元。另有认为，雁既为传递书信的"信使"，口中衔芦，即"传芦（胪）"，也寓意得中功名，故宋金时期的芦雁纹多有"金榜题名"之吉祥寓意。

4. 白地黑花竹雀纹八角形枕，金代，长 29.5 厘米，宽 21 厘米，高 10.5 厘米。枕面出檐，为八角形。全器为白地黑花装饰。枕面绘一粗一细双线八角形开光，内绘山雀一只。山雀立于新篁枝头，全神贯注地注视着眼前的昆虫，张口欲啄。寥寥几笔，就描绘出了山雀捕食瞬间的动态，准确传神。枕墙绘卷草纹，气孔开在枕背面中部。

白地黑花竹雀纹八角形枕

宋瓷喜用折枝花卉及飞鸟虫鱼作为装饰题材，纹样秀丽，线条流畅，体现了清新典雅的艺术特色。金代瓷器在宋代瓷器的基础上发展而来，花纹装饰总的趋向是日益简化，用笔简练，线条明快，富有浓厚的生活气息。白地黑花是磁州窑最具代表性的装饰。关于其产生的时间，陶瓷专家秦大树先生认为，“在磁州窑和整个磁州窑系，白地黑花装饰的产生都不早于北宋末期，估计应在徽宗朝以后”。此枕画面简洁，画风成熟，应为金代之物。

5. 白地黑花仙鹤芦苇纹如意形枕，金代，长 32 厘米，宽 23.5 厘米，高 14.5 厘米。全器施白地黑花装饰。枕面为如意形，开光内绘仙鹤一只。仙鹤曲颈立于滩汀之上，双腿修长，羽翼丰满，气度娴雅。鹤前有芦苇两枝，芦苇茎部纤长，向左右两边弯折，前端有穗状的芦花。枕墙绘简化缠枝纹一周。此枕体积较大，画面洗练准确，线条流畅，虽着墨不多，但富有意境。

白地黑花仙鹤芦苇纹如意形枕

《尔雅翼》卷十三云：“古以鹤为祥，故立之华表。”《淮南子·说林训》曰：“鹤寿千岁，以极其游。”在中国传统文化中，鹤为寓意长寿的祥禽，还用来比喻具有高尚品德的贤能之士。仙鹤芦苇纹为磁州窑的典型纹饰，图案描绘了池间水岸的自然风光，生动表现了仙鹤在水边悠然自得的情状。

6. “刘家造”白地黑花芦苇鹭鸶纹豆形枕，金代，长 30.5 厘米，宽 21 厘米，高 11 厘米。枕面绘一粗一细双线豆形开光，内以一丛芦苇为中心，两侧各绘鹭鸶一只：左侧鹭鸶正低头觅食，右侧鹭鸶在空中飞翔。寥寥数笔，描绘了鹭鸶的尖喙、长颈、长腿，写实又传神。两只鹭鸶与苇丛、水岸一起，构成了一幅极富意境的沙汀小景。枕墙饰卷草纹，底部钤“刘家造”长方形印章款。

磁州窑陶瓷枕的装饰内容，多取材于田野乡间，风格活泼自然，生活气息浓郁。此枕所绘之鹭鸶苇塘觅食图，布局疏朗，笔触生动流利，画风朴素自然。

旧时科举考试中称连中为“连科”，而芦苇常是棵棵相连生长，取“连科”之意，“鹭”与“路”谐音，两只鹭鸶与芦苇即构成“路路连科”，寓意金榜题名、连续考中，故此枕图案在表现自然风景的同时亦具有吉祥寓意。

“刘家造”白地黑花芦苇鹭鸶纹豆形枕

三、游鱼纹陶瓷枕

绿釉水波游鱼纹扇形枕

绿釉水波游鱼纹扇形枕，金代，长28厘米，宽17厘米，高10.5厘米。枕呈扇形，砖红色胎，施白色化妆土，绿釉不及底。枕面篦划扇形开光，内刻画一条游鱼。游鱼尾鳍上翘，身体肥壮。以游鱼为中心，周围饰以水波纹，鱼虽静如游，极富动感。枕面正中靠上方有一气孔。此枕画面线条有力，主题突出，布局简洁严整。

沈从文先生认为，鱼纹“若用到陶瓷枕上，或上面加些莲荷，实沿袭‘采莲辞’本意，喻夫妇枕上爱情‘如鱼得水’”。根据马未都先生“俯视之鲇鱼，平视之鲤鱼，侧视之青鱼”的说法，此枕所绘应为鲤鱼。唐宋以降，取士皆以科举，民间有“鲤鱼跳龙门”的说法，将科举考试中的进士登科称为“跳龙门”，故此枕图案或有学业有成、飞黄腾达的寓意。

风流亦在市井间

——宋金元诗文陶瓷枕

在瓷器上题写诗句与民谚为饰，开创于唐代长沙窑。自宋以降，至金元流行的瓷枕，更是把文字装饰表现得淋漓尽致。瓷枕平整的枕面非常适合书写，大量的书法艺术便被用于瓷枕装饰。这些书于瓷枕上的诗词曲赋、民谣俚语，有的极富文人情怀，有的市井气息浓郁，体现了古人情趣，真实地反映了当时人们的思想、爱好和生活习俗，使瓷枕在实用之外也被赋予了更多的文化内涵，展现出宋金时期“郁郁乎文哉”的社会风貌。

新乡市博物馆收藏带有诗文的瓷枕十余件，内容丰富，时代特征明显，从装饰技法、文字内容等方面来看，体现了宋金元时期瓷枕装饰风格由简到繁逐渐演变的过程，同时真实地反映了当时的民风民俗及民间文化水平。特别是其中一方瓷枕上所书《大石·阮郎归》，为《全宋词》《全金元词》等典籍所未收录，可补史料之缺、文献之遗，甚是难得。现选取其中有代表性的十件，对其文字部分试加辨识释读。

一、诗词曲赋——士夫之文雅

绿釉划花《春景》腰圆形诗文枕

1. 绿釉划花《春景》腰圆形诗文枕，北宋至金，长 28 厘米，宽 20.5 厘米，高 9.5 厘米。全器除底部外施绿釉，枕面边缘较高，中间微微下凹，枕的立面环周为绿釉素面，枕墙背面中间部位有一小圆孔。枕面上用篦状工具刻画出七条弦纹，形成开光。开光内划分为三部分，两侧从右至左写有诗题“春景”，中间用行楷刻画五言诗一首：“我爱陶家景，园林无尽晴。春雷百果坼，寒食四怜清。”下笔生涩，章法稚拙，显然出自民间窑工之手。

此诗出自唐代诗人孟浩然《李氏园林卧疾》，与原诗略有出入，存在改字现象。原诗为：“我爱陶家趣，园林无俗情。春雷百卉坼，寒食四邻清。”正如枕面诗题“春景”所示，这是一首清新自然、含蓄蕴藉的田园诗，表达对农家生活的热爱与向往。但若深入了解原诗的作者，就会发现工匠选此诗录于枕上，似乎又别有深意与寄托。

唐代诗人孟浩然，求仕无路后隐居鹿门山，向往陶渊明无拘无束的生活。《李氏园林卧疾》表达了仕途失意后，孟浩然对“陶家”（陶渊明）归隐生活的向往。类似题诗在磁州窑瓷枕上多有出现，表面上看是在咏物，实则更多的是抒写了个人心境。从一方小小瓷枕上的题诗，我们仿佛捕捉到了宋金时期国家战乱动荡状态下失意文人的普遍心态。

绿釉划花《季札》腰圆形诗文枕

2. 绿釉划花《季札》腰圆形诗文枕，北宋至金，长 26.5 厘米，宽 19 厘米，高 9.5 厘米。装饰格式大致同《春景》枕，绿釉篦划弦纹，两侧从右至左写有诗题“季札”，中间用行楷刻画唐代诗人周昙七言诗《春秋战国门 · 季札》：“吹毛霜刃过千金，生许徐君死挂林。宝剑徒称无价宝，行心更贵不欺心。”枕面“挂”字为错字；“季”字下有明显涂改痕迹，原先应该是“季札”，后又抹掉重新写作“季”。字体刚健有力、潇洒流畅，但排版布局明显不够工整，个别字几乎写到框外。

“季札挂剑”典故出自《史记 · 吴太伯世家》。季札为春秋吴国公子，因受封于延陵，又称“延陵季子”，当时以多闻著称，鲁襄公二十九年（前 544），历聘鲁、齐、郑、卫、晋等国。“季札挂剑”讲的是季札在出使鲁国经过徐国时赠剑给已故徐君的故事。徐君已死，季札就将剑挂在徐君墓前的树上，以履行自己原在心中许下的诺言。“季札挂剑”体现了春秋时期士人阶层重信义、高贵从容的贵族精神气质。

抄录流行于世的名人诗作，是磁州窑普遍采用的装饰手法。磁州窑地处河北，“燕赵古称多感慨悲歌之士”，崇尚豪杰侠义，这件瓷枕亦真实体现了地域民风。

3. 三彩划花《大石 · 阮郎归》如意头形诗文枕，北宋至元，长 31 厘米，宽 22.5 厘米，高 10 厘米。枕面施黄、绿、白三彩。此枕排气孔的开孔位置与腰圆形枕不同：在如意头顶端尖部的枕墙两侧，开有两个对称的排气孔。开光内草书刻画《大石 · 阮郎归》：“青荷浮水露珠光，楼边日影长。卷帘双莺语雕梁，榴花映墙垣。阑院宇，小池塘，尽船煮酒香，舞余歌罢锦行成，归来月满廊。”

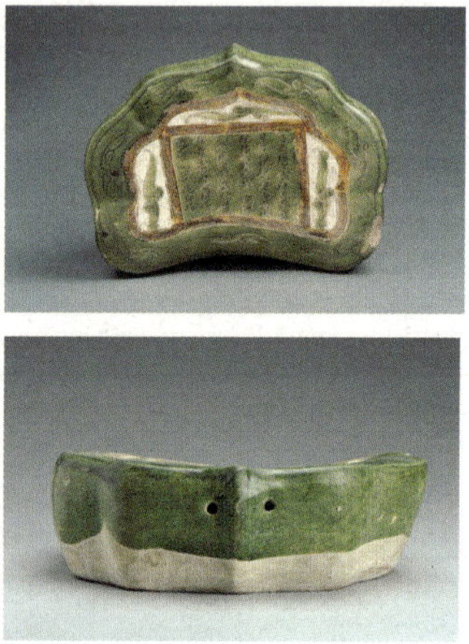

三彩划花《大石 · 阮郎归》如意头形诗文枕

这首词《全宋词》《全金元词》《全元散曲》等典籍均未收录，查不到作者及出处，但从内容来看，语淡情深，意境悠远，娴雅从容，余韵不尽。笔调委婉含蓄，极尽婉约之美，字里行间富有浓郁的宋词韵味，显然不是普通工匠信笔所书，很可能有落魄文人参与。“金元时期，异族统治之下，大批汉族文人无法通过传统的道路走上士族阶层，有的融入市民阶层，有的成为书会才人，有的迫于生计加入陶瓷创作的行列。”正是文人的加入，使得陶瓷更有文化内涵，也更有时代印迹。通常诗文枕多以腰圆、八角、长方为形，如意头形的相对较少，因此这件瓷枕尤为珍贵。

4. 白地划花《踏莎行》扇形诗文枕，金至元，长 31.5 厘米，宽 15.9 厘米，高 10.5 厘米。红褐色陶通胎，枕面划线框，开光内以刀代笔，刻《踏莎行》一首："碧藓回廊，绿阴庭院。偷期夜入帘犹卷。照人无奈月华明，潜身却恨花阴浅。旧约难凭，前欢未便。看看滴尽铜壶箭。栏干敲遍不应人，分明帘下闻裁剪。"诗文布局协调有序，书写稳健，字体刚劲有力，落笔有度，颇具功力。

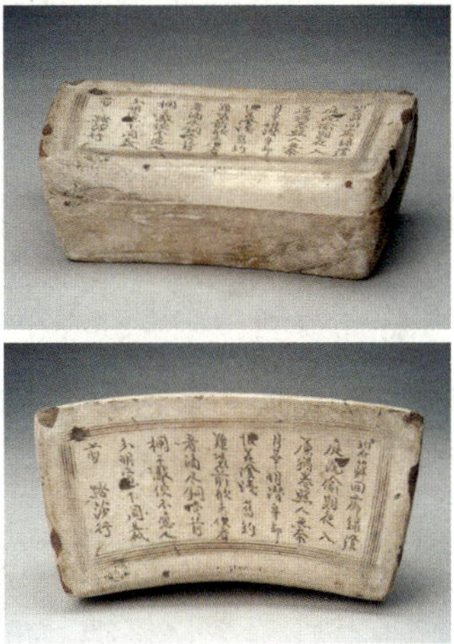

白地划花《踏莎行》扇形诗文枕

瓷枕上的文字书写方法有两种：一种是使用斑化石料，以毛笔书写，如白地黑花；另一种是以刀代笔，用双勾叠划的方式刻画，如绿釉划花。后者的刀法在巧拙之间，刚柔并济。

此枕文字即为刻画而出，从诗文内容及刻画笔法来看，普通窑工的文化水平及制作技艺难以企及，估计亦有失意文人参与创作。对照欧阳修的《踏莎行》，枕面的几处改字，显得更有意境，如将"绿杨深院"改为"绿阴庭院"，将"潜身却恨花深浅"改为"潜身却恨花阴浅"，将"看看掷尽金壶箭"改为"看看滴尽铜壶箭"。特别是将"密约如沉"改为"旧约难凭"，显然更易为普通百姓所理解接受。

二、民谣俚语——市井亦风流

1. 绿釉划花《上谷·仁甫何》腰圆形诗文枕，北宋至金，长 31 厘米，宽 22 厘米，高 10.5 厘米。装饰风格同《春景》枕和《季札》枕。开光内书五言诗一首:“我仅邀闲步,诚心不别家。几杯蜉蚁酒，多少称心花。”刀法生涩，缺乏美感，但内容却别有一番趣味。第一个字较难辨认,根据下文的意思,应该是“我”字。这首诗是邀请朋友前来小饮的劝酒词，语言平淡而情趣盎然，蕴含浓郁的生活气息，表现了普通百姓的文化乐趣，也使本来粗俗的民窑器物顿然提升了文化品位，增加了文化内涵。从中亦可窥见古人的情趣，反映出宋金时期市民阶级受传统文学影响的某种浪漫情调。

绿釉划花《上谷·仁甫何》腰圆形诗文枕

此诗与白居易《问刘十九》“绿蚁新醅酒，红泥小火炉。晚来天欲雪,能饮一杯无？”有异曲同工之妙。新酿的酒未滤清时,酒面浮有泡沫,色微绿,细如蚁,称为“绿蚁”。《南都赋》有“醪敷径寸，浮蚁若萍”。陶渊明临终自作挽歌词，亦有“春醪生浮蚁，何时更能尝？”之句。后常以“绿蚁”“蚁酒”称酒。

2. 绿釉划花“风吹前院竹，雨洒后亭花”腰圆形诗文枕，北宋至金,长 26.5 厘米,宽 22 厘米,高 9.5 厘米。装饰风格同《春景》枕，尺寸略小，开光内划行书:“风吹前院竹，雨洒后亭花。”诗句对仗工整，清新自然。此类杂咏式诗句多为磁州窑工匠有感于眼前的风景顺口吟来，并随手刻于枕上，体现了闲适与惬意的庭院生活，又隐隐透露些许禅机禅趣。此诗句在磁州窑瓷枕上屡有出现，仅新乡市博物馆就藏有风格迥异的两方，另一方为白地黑花墨书八角形枕，说明它在民间流传极广。

绿釉划花“风吹前院竹，雨洒后亭花”腰圆形诗文枕

3. 白地黑花墨书“风吹前院竹,雨洒后庭花”八角形诗文枕，北宋至金，长 28 厘米，宽 19.2 厘米，高 10.5 厘米。器表白地，枕面出檐，前低后高，两端微翘，枕壁一周绘简括的卷草纹饰。此枕具有典型的磁州窑白地黑花风格，枕面绘一粗一细双线八角形开光，开光内墨书：“风吹前院竹，雨洒后庭花。”虽着墨不多，却极富意境。草书书法极具功底，结体欹侧，结构纵逸，但重心不失；运笔疾迅，姿态飞动，堪与名家作品媲美。

白地黑花墨书“风吹前院竹，雨洒后庭花”八角形诗文枕

4. 绿釉划花《司马谨身》腰圆形诗文枕，金代，长 31 厘米，宽 21.5 厘米，高 10.5 厘米。此枕是馆藏绿釉腰圆形诗文枕中体形最大的一方，长达 31 厘米，较《季札》枕多了近 5 厘米。

釉色翠绿，枕壁环周为绿釉素面，枕墙背面中间部位有两个小圆孔。枕面随枕形篦划开光，开光内又有方形框，方框上有随意勾画的长条形叶状纹装饰，两侧从右至左写有诗题“司马谨身”，方框内用行楷刻画七言诗一首：“自古聪明被酒驼，少益谁肯养天和。休言酒醉无烦恼，酒醉招灾惹事多。”列与列之间布局疏朗，字与字之间排布均匀，书写工整，枕面较《春景》枕、《季札》枕等多了简单纹饰装饰，体现了宋金时期诗文枕装饰逐渐由简至繁。

枕面题诗是一首劝诫诗，提醒人们注意喝酒误事的道理。语言通俗，风趣直白，好似打油诗，透着一股市井气，具有浓郁的民间文化气息。

绿釉划花《司马谨身》腰圆形诗文枕

5. 绿釉划花“黄金浮世在，白发故人稀”腰圆形诗文枕，金代，长 28.5 厘米，宽 20.5 厘米，高 9.5 厘米。枕面前低，边缘较高，中间微微下凹，枕体背面中部有一小圆孔。枕面及枕体上半部施绿釉，釉面光亮；底部露胎，胎体微红。枕面随枕形篦划开光，两端阴刻花叶。枕面被弦纹分成三个区域，左右两边较小的区域内刻有简单的枝叶，中间较大的区域内刻有五言行书：“黄金浮世在，白发故人稀。”线条流畅，用笔纤瘦，潇洒娴熟，一气呵成。划花、诗文分布在不同的区域里，组成一幅完整的画面，虽然简单，却不单调。

此人生感怀诗句表现了作者对岁月易逝的感叹，也在告诉世人珍惜时光，不要虚度光阴，寄托了宋金动荡时期人们的思想感情。

绿釉划花“黄金浮世在，白发故人稀”腰圆形诗文枕

6. 绿釉剔划花《咏瓜》腰圆形诗文枕，金代，长 30 厘米，宽 21 厘米，高 10 厘米。枕体上半部施绿釉，立面环周为素面。枕面前低，边缘较高，中间微微下凹，背面中部有一小孔。枕面篦划弦纹，形成开光。开光外为剔划的瓜叶，环绕在枕的边缘。开光内有正方形边框，内刻五言诗一首：“绿叶迎风长，黄花向日开。香因风里得，甜向苦中来。”两侧从右至左写有诗题“咏瓜”。

绿釉剔划花《咏瓜》腰圆形诗文枕

此诗描写了农家瓜田生机盎然、瓜果飘香的景象，诗中有画，形象生动，充满了田园生活情趣；用词简单，易于理解，极具生活趣味，有乡间俚语的味道，又包含些许人生道理，明白晓畅中蕴含着“甜向苦中来”的生活哲理。

淡妆浓抹总相宜

——青花粉彩与宫廷瓷

陶瓷器一直是中国历史上重要的日常器具之一，上自皇家贵族、达官贵人，下至平民百姓，都有使用。其渗透到社会各阶层的生活空间，成为中国人文化生活的重要组成部分。在清康熙、雍正、乾隆时期，中国的瓷器生产达到了历史的高峰。官窑和民窑俱盛，彩绘和色釉并行，瓷器装饰精细华美，如繁花般绽放。官窑产品器形规整，精益求精，工艺绝伦；民窑产品注重实用，简朴大方，结实耐用。两者交相辉映，异彩纷呈，共同构成了灿烂的瓷器文化。新乡市博物馆收藏历代陶瓷器3000余件，藏品以新中国成立初期平原省博物馆旧藏和北京故宫博物院调拨为主，其中不乏清代官窑上乘之作及民窑精品。

一、器如故人："若深珍藏"款盖碗

"若深珍藏"款青花缠枝牡丹纹盖碗，清代，通高9.3厘米，口径13.4厘米，底径6.5厘米。口外撇，深腹，直壁内收，圈足。

有盖，上饰圈足钮，盖径小于碗口，扣于碗内。器盖外壁环钮一周为青花缠枝牡丹纹，六朵盛开的牡丹大小相间，枝干虬曲相连，中有叶子补白，外围绘叶子一周。器身纹饰与器盖大致相同，牡丹花花朵饱满，花瓣肥厚。此盖碗器形端庄规整，胎质洁白细腻，釉面温润淡雅。纹饰布局工整对称，线条清晰流畅，画面浓淡有度。青花颜色层次丰富，蓝中泛灰，通透而明晰。

盖上圈足钮内有楷书款识“若深珍藏”，笔画起落有致，字体偏瘦长，自然挺秀，端庄间见灵动，谨饬规整又不失清灵秀逸，文气蔚然。器底亦有“若深珍藏”款识，以行书写就，是另外一种风格，更为潇洒灵动。

盖碗为清代流行的茶具，康熙时首创，是对唐宋以来所使用茶具的一大改进，并在此后成为清代主要泡茶器具。盖碗功能全面，其盖子具有防尘保温作用，还可防止茶香外逸，阻挡茶叶随水入口。盖碗茶在投茶、冲水、出汤、弃茶渣等方面有诸多优势，能够满足品茗追求的“察色、嗅香、品味、观形”之需。抚盖喝茶与伦理、礼仪相结合，饮茶变得高度艺术化。故上自皇家贵族，下至黎民百姓，乃至许多茶坊，皆重盖碗茶。盖碗最初没有衬底，或许是因为端着容易烫手，到清晚期才有了下面的托。带托的盖碗被称为“三才碗”。“三才”指天、地、人，盖为天、托为地、碗为人，暗含天地人合之意，充分体现了中国传统造物追求“器以载道”的意境。

“若深珍藏”为清代康熙、光绪年间景德镇瓷器上的款识，有“帝王堂名款识”和“吉言颂语款识”之说。“若深”最早见于清康熙年间。相传若深是康熙身边一位受器重的文书，极爱品茶，康熙为了赏赐他，让官窑专门为他烧造了一批茶杯，称为“若深杯”。清末民初古玩收藏家赵汝珍将此款归入“帝王堂名款识”。他在《古瓷指南》中解释“帝王堂名款识”时云：“康熙时有‘若深珍藏’。乾嘉时有‘略园荔庄’……当时都有名气，可惜其主人的情况不详，无法弄清其原委。”民国许之衡在《饮流斋说瓷》中说：“‘若深珍藏’为康熙制品……若深以小品茶杯为多，或谓制者乃一嗜茶雅士也。有不书‘若深’而书一‘玉’字者，亦是同一人所制。”

另一说法是，“若深”为清代江西景德镇的烧瓷名匠，他烧出的茶杯小巧玲珑，薄如蝉翼，色泽如玉，名重一时。闽南人喜用它来品饮工夫茶，后将这种细小瓷杯统称为“若深瓯”或“若深杯”。其特点是小、浅、白、薄。小则一啜而尽，浅则水不留底，色白如玉则可以衬托茶的颜色，质薄如纸则容易起香。台湾著名学者连横先生在《雅堂文集·茗谈》里总结道：“茗必武夷，壶必孟臣，杯必若深：三者为品茶之要，非此不足自豪，且不足待客。”更作诗云：“若深小盏孟臣壶，更有哥盘仔细铺。破得工夫来瀹茗，一杯风味胜醍醐。”

由此可见，“若深珍藏”在清末已无从考证。如仅从字面含义来考其出处，盖综合取自《老君妙真经》：“安心游志，使若大水之自湛深。闲居静处，使若蛟龙之自蛰藏。”故现当代的一些陶瓷专著、工具书多把“若深珍藏”归入“吉言颂语款识”。

“若深珍藏”款青花缠枝牡丹纹盖碗

二、皇家威仪：宫廷用瓷及同治大婚瓷

1.“大清康熙年制”款黄釉暗云龙纹瓷碗，清代，通高 6.9 厘米，口径 15.1 厘米，底径 6.3 厘米，1980 年北京故宫博物院拨交。撇口，口沿以下逐渐内收，弧腹，圈足。碗内壁和器底施白釉，外壁施黄釉，釉面光滑均匀。釉下暗刻云龙纹，龙为腾龙，龙眼怒瞪，龙须飞扬，龙爪强健，刀法纯熟，颇有气势。龙身周边满布如意云纹、“山”形火焰纹。近圈足处饰海水江崖纹一周。足内有青花双圈“大清康熙年制”六字双行楷书款。整器端庄规整，线条流畅自然，色彩细腻，白釉素净，黄釉娇妍，落款娟秀精致。

“黄者，中和美色，黄承天德，最盛淳美，故以尊色为溢也”，黄色在中国古代社会一向是“帝王之色”。黄釉瓷器以明代弘治时期最为著名。由于这种黄釉是用浇釉的方法浇在瓷胎上形成的，所以称为“浇黄”；又因为它的色彩比较淡而显得娇艳，又称“娇黄”。清代官窑重视单色釉的烧制，康熙时恢复了明代中期以后的许多技术，当时的天蓝、洒蓝、豆青、娇黄、仿定等都是成功之作。

“大清康熙年制”款黄釉暗云龙纹瓷碗

2.“大清雍正年制”款黄釉暗缠枝花卉纹瓷盘，清代，高3厘米，口径14.6厘米，底径9.5厘米，1980年北京故宫博物院拨交。敞口，弧腹，圈足。通体施黄釉，釉色娇艳润泽。内壁素面无纹；外壁暗刻缠枝花卉纹，花朵娇柔，枝叶扶疏，纹饰精细。底部施白釉，足内有青花双圈“大清雍正年制”六字双行楷书款。

明清时期，黄釉瓷器是皇家祭祀与宫廷用瓷，其使用有严格的等级之分。内外均施黄釉的全黄瓷器供皇帝、皇太后和皇后使用。清《国朝宫史》中规定，后宫用瓷分六个等级：皇太后、皇后用里外黄釉器，皇贵妃用黄釉白里器，贵妃用黄地绿龙器，嫔妃用蓝地黄龙器，贵人用绿地紫龙器，常在用绿地红龙器。雍正黄釉虽不像明代弘治时期施釉肥润，但胜在器形秀雅，胎质细腻，色泽明快，皇家气派十足。

“大清雍正年制”款黄釉暗缠枝花卉纹瓷盘

3.“同治年制”款黄釉粉彩梅鹊纹碗，清代，高 9.5 厘米，口径 20.9 厘米，底径 8.3 厘米，1980 年北京故宫博物院拨交。敞口微撇，以下斜收，深腹，圈足。内施白釉；外施黄釉，釉色明黄，凝厚鲜亮，使器物颇具富丽华贵的皇家气派。黄釉之上，以粉彩绘朵朵盛开的折枝梅花，又以墨彩绘喜鹊 18 只，喜鹊白腹黑羽长尾，姿态各异，飞舞其间，取“喜上眉（梅）梢”之意。口沿及圈足处以金彩装饰。足内有白釉红彩“同治年制”四字双行楷书款。

同治时期，瓷器造型基本承袭传统，器物器形规整但略显笨拙，装饰内容多是富含吉祥寓意的图案，纹饰风格进一步图案化，缺乏生气。款识以“大清同治年制”六字两行竖列楷书款和“同治年制”四字两行竖列楷书款为主，无圈栏，粉彩器款识多用红彩书写。粉彩是同治朝最常见的品种，多为黄地粉彩。胎体均较厚重，釉面光润，有波浪釉现象，质地较粗，施彩不匀，缺乏浓淡过渡是普遍现象。

同治七年（1868），同治帝大婚，江西巡抚在景德镇烧制 120 桶瓷器，共 7294 件，作为皇帝大婚时的用品，其中绝大部分是黄釉粉彩瓷。纹饰都是为皇帝歌功颂德、祈祝万寿万福类的内容，有万寿无疆、万寿花、金双喜、百蝶、红喜字、长寿字、喜鹊梅花等。这件梅鹊碗即为同治大婚礼器之一。古人认为，喜鹊有“先物而动、先事而应物”，感应预兆的神性，视喜鹊为兆喜灵鸟。清代，喜鹊纹大量出现，常与梅花等其他花鸟植物搭配出现，寓意喜庆吉祥。喜鹊登梅图案为晚清瓷器中常见题

“同治年制”款黄釉粉彩梅鹊纹碗

材，寓意“喜上眉（梅）梢”。

4.“大清光绪年制”款黄釉粉彩描金万寿无疆盘，清代，高5.2厘米，口径21.8厘米，底径13.5厘米，1980年北京故宫博物院拨交。圆形，敞口，敛腹，圈足。内壁以黄釉为地，描金圆圈内书“万寿无疆”四字，间以彩带“卍”字纹和如意云纹，盘心为海水簇拥团寿纹。外壁饰粉彩四季花卉三组，分别为折枝莲花、西番莲、牡丹。所用彩料颜色丰富，红、绿、黄、蓝等皆备，而每一色调又分出多种色阶，通过自由配搭，形成五色烂漫的装饰效果。口沿描金，足底施白釉，署红彩楷书“大清光绪年制”六字双行款。

清朝宫廷规定，黄地彩器只有皇室准用，皇后、妃子、阿哥、格格等皇室成员所用的数量、尺寸均有严格的规定。这件器物上的“万寿无疆”四字及中心的团寿纹，显示出它是一件祝寿之物，应该是为庆贺慈禧寿辰特制的成套器物之一。清光绪时期，社会相对稳定，多年不景气的景德镇御窑厂得以复苏，烧制了大量御用瓷。这一时期，瓷土淘洗较细，胎质较细密，瓷器比同治瓷器质量高。官窑瓷器款识以楷书款为主，常见“大清光绪年制”和“光绪年制”两种，字体较修长，清秀工整，一般都不加圈栏。

“大清光绪年制”款黄釉粉彩描金万寿无疆盘

三、盛世荣耀：九龙杯与百花不露地盘

1.“乾隆御制”款粉彩九龙杯，清代，高5.8厘米，口径5.9厘米。直口，深腹，小圈足。杯外口及圈足分别饰青花回纹一周，杯内口亦有矾红回纹及青花璎珞纹各一周。杯身饰白地粉彩云龙纹，九条龙穿梭于彩云之间，形态各异，栩栩如生。杯底有仿“乾隆御制”四字青花楷书款。

“乾隆御制”款粉彩九龙杯

此杯胎壁极薄，透光可视，似乎纯以汁釉制成，属脱胎器。其制作要求极高，从配方、拉坯、修坯、上釉到装窑烧成，有一整套的技术要领和工艺要求。由于脱胎器的胎壁极薄，在修坯过程中非常容易变形，因此技术难度非常大，一般要经过粗修、细修定形、粘接、修去接头余泥并修整外形、荡内釉，然后精修成坯并施外釉。根据胎薄程度的不

同，脱胎分为半脱胎和真脱胎。永乐脱胎胎骨稍厚，为半脱胎；成化与隆庆、万历时的民窑器，胎薄如竹纸，为真脱胎。半脱胎瓷始于永乐，成化时有了极高的成就，明末较为流行，清代前期康、雍、乾三朝官窑有生产，以雍正时制品最为精致。“只恐风吹去，还愁日炙消”，这两句古人咏薄胎瓷的诗句，形象地展现了这种瓷器之薄。

由于乾隆官窑粉彩器的经济价值很高，因此清末和民国初年多有仿制。此杯即为晚清仿品，虽画工不够精细工整，杯口及圈足处的回纹粗细不够均匀，杯身的云龙纹稍显杂乱，和真正的乾隆御制品还有相当大的差别，但总的来看，器形规整，绘制繁缛，仍不失为一件精巧的艺术品。

2.“大清光绪年制”款粉彩百花不露地盘，清代，高 5.1 厘米，口径 41.6 厘米，底径 24.2 厘米。敞口，微外撇，弧腹，圈足。内壁粉彩，饰百花锦地纹，以各色满地彩绘出牡丹、荷花、菊花、芍药、芙蓉、月季、牵牛等各种花卉。绘画工致精细，色彩绚丽，花之仰覆反侧、阴阳向背、形状大小，都各尽其妍，明艳多姿。外壁饰粉彩卷叶纹四季花卉两组，所用彩料颜色丰富，红、绿、黄、蓝等皆备。口沿描金，足底施白釉，署红彩楷书“大清光绪年制”六字双行款。

粉彩是清代瓷器釉彩的杰出代表之一。它始于康熙，精于雍正，盛于乾隆，是在康熙五彩基础上，受珐琅彩瓷制作工艺影响而创制的一种釉上彩新品种。在含铅的玻璃质中加入砷的成分制成玻璃白，再用玻璃白掺和色料绘瓷，是为粉彩。粉彩发明后，逐渐取代五彩而成为釉上彩的主流，一直沿用到晚清。其淡雅柔和、粉质感强的特点，尤为适宜中国花鸟、人物画的笔法与意蕴。又由于不用大红大绿，虽然色彩缤纷，却无俗艳之感，所以深受时人喜爱，以淡雅柔丽名重一时。粉彩的烧成温度较低，烧成后其色彩在感觉上也比五彩要柔和，所以又有“软彩”之称。

百花不露地又称“百花不落地”“万花堆”“万花锦”“百花图”“万花献瑞图”，是以各类花卉为装饰题材，用粉彩绘各色花朵将整个画面填满，既不露出瓷底，也不露出花朵的枝干，给人以天女散花时百花浮于空中的视觉效果。这种纹饰多在器物主体中心部位绘牡丹等大朵纹样，在周围加绘菊花、茶花、荷花、月季、百合、牵牛等各种小花朵图案，使器不露地，画面充实饱满，如同万花堆聚，寓意百花呈瑞、盛世升平。百花不露地始于乾隆，盛于嘉庆，清末民初也颇为盛行。它时代特征明显，有黑地和白地两种，以黑地较为珍贵。

此盘即为黑地，画面舒展，在继承前朝的精细规整之外，注意克服堆砌繁缛，趋于疏朗简约，不失富丽堂皇、雍容华贵的同时，透出几分清逸雅致、灵巧秀丽。

“大清光绪年制”款粉彩百花不露地盘

四、富贵功名：“一品当朝”和“英雄独立”

1.“同治年制”款“一品当朝”粉彩八角高圈足碟，清代，高 3.3 厘米，口径 8.8 厘米，底径 5.2 厘米。八角形，口沿描金，内壁绘“一品当朝”图案：一只仙鹤一足立于潮水中的一块岩石上，另一足半悬于空中，头顶赤红，上方一轮红日当空。外壁绘折枝花卉两组，对称分布。高圈足，圈足上绘海水江崖纹，圈足内施豆瓣绿釉，有双方框“同治年制”四字抹红款，字体不甚规整。此为典型的晚清民窑作品。

“一品当朝”是明清瓷器常见的纹饰。“一品”为封建王朝官员之最高等级。鹤性清高，为羽族之长，是地位仅次于凤的灵禽，一品文官官服上的补子图案即为仙鹤，故用鹤表“一品”。“当朝”即在朝廷中担任要职。“潮”与“朝”谐音，仙鹤立于潮水中岩石之上，构成“一品当朝（潮）”，表示官位极高，乃人臣之极。明清时期，民间还常以仙鹤配红日表示“一品当朝”，表达了人们对高官厚禄的企盼。

“同治年制”款“一品当朝”粉彩八角高圈足碟

2.“同治年制”款“英雄独立”粉彩六棱高圈足碟，清代，高 3 厘米，口径 8.7 厘米，底径 5.2 厘米。基本形制、装饰同“一品当朝"碟，不同之处在于：一是内壁所绘图案为"英雄独立"，即一只苍鹰立在松石上，下有波涛海浪画面，以"鹰"谐"英"，取海内英雄之意，为晚清民窑流行题材；二是碟口为六棱形，细观可见每边上都略带菱花口。花口，是把圆形或椭圆形的器口用连弧线分成形如花瓣的若干等份，有四瓣、五瓣、六瓣乃至十瓣以上的花口。按花瓣曲线不同，又可分为葵口、菱花口、海棠式口等多种形式。唐至清代各个窑口烧造的碗、盘、洗、花盆等器上，均可见花口的造型。

"同治年制"款"英雄独立"粉彩六棱高圈足碟

3. "同治年制"款粉彩鱼藻纹高圈足碟，清代，高 3.1 厘米，口径 8.5 厘米，底径 5.2 厘米。圆形花口，口沿描金，盘心内绘六条金鱼，摇尾嬉戏于水草之间。鱼纹在陶瓷器上出现得很早，新石器时代的彩陶上就已大量出现，但金鱼纹直到明嘉靖时期才始见于瓷器上，清中期以后盛行。"鱼"与"余"谐音，象征富裕、有余；"金鱼摇尾"图案，寓意财富极多，另有"金玉同贺""金玉满堂"等美好含义。

从咸丰、同治、光绪至宣统时期，国家面临内忧外患，社会经济凋敝，景德镇官窑的瓷器生产处于衰落境地，但民窑仍在大量烧造。粉彩一直占据主流，多数质地比较粗糙，胎体普遍较厚，显得笨拙，有失灵巧。

值得一提的是，清代豆瓣绿釉淡雅柔和，色浅者淡若湖水，色深者绿中泛黄，釉面凝厚，有的还在釉上施以各种色彩，入窑二次烧造，艳丽的色彩在淡雅柔和的釉色衬托下，显得更为妩媚。

“同治年制”款粉彩鱼藻纹高圈足碟

五、从书斋到市井：博古盘与白菜盘

1. 粉彩博古图盘，清代，高 5.1 厘米，口径 41.6 厘米，底径 24.2 厘米。盘撇口，板沿，浅腹，圈足，无款识。通体施白釉，口沿及板沿下各有青花开光锦纹一周，将边饰与主题纹饰分隔开来。盘内壁绘牡丹、菊花缠枝花卉四组，两两相对，作为边饰。主题纹饰为博古图，青花绘太湖石前有仿古花瓶，瓶中插大朵折枝牡丹，取富贵平安之意。中间为修竹两枝，左右分别有菊花、梅花，下有兰草。画面布局规整，错落有致，构思巧妙，意趣盎然；设色简洁雅致，绝无浮艳之气。

“博古”即指古代器物。北宋大观元年（1107），徽宗赵佶命王黼等人将宣和殿所藏古代铜器 839 件编绘成《宣和博古图》。之后，人们便把描绘古器物的画幅统称作“博古图”。今

“博古”一词含义有所扩大并加以引申，凡是在工艺品上装饰鼎、尊、彝、瓷瓶等题材并添加蔬果作为点缀的纹样，皆以“博古”名之。用百花与器皿、古家具等搭配组合，可以形成各种风格的博古图。

博古图有博古通今、崇尚儒雅之寓意，常用于书香门第或官宦人家的宅第装饰。南宋画家刘松年的《博古图》绘制的是在郁郁森森的松林之中，几位文人墨客正在鉴赏古物的场景。明代董其昌《骨董十三说》云：“先王之盛德在于礼乐，文士之精神存于翰墨。玩礼乐之器可以进德，玩墨迹旧刻可以精艺。居今之士，可与古人相见在此也。助我进德成艺，垂之永久。”除了文人墨客，博古图在清代许多文化层次较低的殷实市井人家，也深受欢迎。时人曰：“铜器之可用插花者，曰尊、曰罍、曰觚、曰壶。古人原用以贮酒，今取以插花，极似合宜。”

博古纹作为瓷器装饰纹样，兴起于明末万历、崇祯年间，但数量非常有限。直至清康雍乾时期，博古纹才进入发展的黄金时期。此时博古图品种丰富多样，有青花、五彩、粉彩等。纹样讲究吉祥寓意，绘画较为精湛细腻，写实与写意两种风格并存，构图舒展大方，设色或柔和淡雅，或明快艳丽。

粉彩博古图盘

2. “大清道光年制”款粉彩白菜盘，清代，高 3.1 厘米，口径 17.8 厘米。圆形，略带花口，口沿描金。盘内饰白菜 12 棵，绿叶白茎，青的翠嫩，白的素净，颜色一深一浅相间。根部向内、叶子向外整齐排列一周。叶脉伸展灵动，叶上点缀有蜻蜓等昆虫。盘中心绘有桃和红蝠图案。盘外壁绘有红色蝙蝠四只，外底内署红彩篆体“大清道光年制”六字三行款。

此盘造型古朴，胎釉细腻，品相完美。以白菜为主题图案，整体画面饱满，格调素雅大方，粉彩与绿彩的点缀相得益彰。“白菜”和“百财”谐音，象征财源兴旺、家财万贯。颜色青白相间，又寓意清清白白、清正廉明。古语有云“咬得菜根，万事可成”，白菜由此被赋予了不追求奢华、淡泊明志的人格象征寓意。绘于盘心的福寿纹，也是一种典型的瓷器装饰吉祥纹样。图案通常由蝙蝠、寿桃或团寿组成，是以“蝠”谐音“福”，以寿桃或团寿代表“寿”。福寿纹于清雍正、乾隆朝较为盛行，景德镇官窑瓷器上多有出现。

“大清道光年制”款粉彩白菜盘

六、八宝吉祥：八宝碗与八宝盘

1.“大清嘉庆年制”款粉彩八宝纹碗，清代，高 6.3 厘米，口径 10.9 厘米，底径 4.3 厘米。碗口外撇，深腹，直壁内收，圈足。通体施白釉为地，外口沿饰一周拐子龙纹，近足处饰红彩如意云头纹一周。腹部绘四组八宝纹，组合形式为轮螺、伞盖、花罐、鱼肠，绘画极为细腻。足底部有青花篆书“大清嘉庆年制”六字三行款，字体工整，结构严谨，无圈栏。

八宝纹也称“八吉祥纹”，是流传于藏传佛教地区、象征吉祥的八种宝物图案。八种宝物分别是法轮、法螺、宝伞、白盖、莲花、宝罐、金鱼、盘肠，简称为轮、螺、伞、盖、花、罐、鱼、肠。将八宝分为四组，两两结合装饰在器物上，是乾隆时的创新之举。它打破了传统的八宝纹八组分割布局的局面。嘉庆朝早期的瓷器生产，无论在造型样式，还是在图案等方面，均因循乾隆旧制，多数器物基本能保持前朝的制作水平，故有“乾嘉窑”之称。纹饰总的风格是，构图较呆板，笔法纤细拘谨。官窑款识以篆书为主，楷书少见。

“大清嘉庆年制”款粉彩八宝纹碗

此碗造型规整，绘画精细，色彩温润雅致。外口沿所饰的拐子龙纹，又称“拐子纹”，起源于草龙纹，是龙纹的一种变体。龙头高度简化，龙身为回纹与卷草纹的结合体。这种纹饰多用在漆木家具上，在瓷器上则较为少见。

2.“大清宣统年制”款粉彩八宝纹盘，清代，高 5.4 厘米，口径 33.8 厘米，底径 22.2 厘米。敛口，浅腹，矮圈足。盘内壁纹饰采用分层绘制：口沿下一周粉彩描金如意云头纹图案，如意云头纹与盘心金彩双圈之间饰粉彩八宝纹与花卉图案组成的纹饰八组，盘心金彩双圈内饰淡绿彩缠枝花卉。盘外壁绘三组折枝莲纹。底部施白釉，上有红彩楷书“大清宣统年制”竖式两行款。

八宝纹自元代始传入内地，在明清时期得到广泛传播，并被赋予了新的内涵，发展为民间吉祥图案。在元代瓷器上，八

“大清宣统年制”款粉彩八宝纹盘

宝的排列无一定规则。明永乐开始按轮、螺、盖、伞、花、罐、鱼、肠排序，以后亦有不按顺序排列的。清代出现粉彩、珐琅彩品种。乾隆皇帝把提倡佛教作为笼络某些少数民族上层集团的一种手段，在各地广建庙宇，大量制作法器，八宝纹逐渐成为瓷器装饰中的重要图案之一。

粉彩八宝纹盘是晚清较为流行的品种，以光绪时期较为多见，有大小不等尺寸规制。此盘胎体厚重，胎骨白色，为大尺寸者。造型规矩，构图严谨，色泽清新，绘画精细，款识规范。釉色光洁透明，工艺干净利落，不涩不滞，体现了官窑陶瓷工匠高超的工艺水准，可谓清末官窑之佳作。宣统在位不满三年，故此盘尤为珍贵。

七、民间意趣：高足碗碟与秋叶形碗

1. 粉彩花卉纹高足碗，清代，高 9.3 厘米，口径 12.8 厘米，底径 6.6 厘米。碗侈口，折腹，下承喇叭状高足，足中空，近底部外撇。里外施白釉，口沿及足底沿处描金。外壁白地粉彩绘四季花卉，碗内中心处绘双桃福寿纹，纹饰绘画笔触细致。足部近底处绘粉彩海水江崖纹一周。此碗造型端庄，制作精细，洁白的底釉将碗上的其他色彩衬托得清新亮丽。

海水江崖纹是从明代延续下来的龙袍程式化纹样，俗称“江崖海水”“海水江崖”。图案下方斜向排列着代表深海的曲线，称为“水脚”；水脚上有翻卷的海浪，中间有挺立的岩石，并有祥云点缀。其中，海水象征大江大水，江水和山石组合，象

粉彩花卉纹高足碗

征江山，寓意福山寿海，也有一统江山、绵延不断、万世升平、江山永固等寓意。此纹样多用于龙袍、官服的下摆，瓷器上也多有使用。用于龙袍、官服上的海水江崖纹上方还有双龙和祥云，象征真龙天子主宰江山社稷。

2. 粉彩高把供碟，清代，高 8.3 厘米，口径 13.8 厘米，底径 7 厘米。敞口，弧壁，浅腹，盘心平坦，喇叭状高足。造型轻盈秀巧，胎质洁白细腻，釉面细润纯净，内外壁均以粉彩装饰。盘内底中心绘折枝牡丹福寿纹，盘内沿一周饰荷花、梅花、菊花、牡丹四种花卉各一。盘外壁一周饰蝙蝠四只，蝙蝠纹饰图案化，呈现出大致轮廓。喇叭状圈足中上部有一周凸起的弦纹，上饰卷草纹，足部近底处绘有一周海水江崖纹。

碟是盛菜肴或调味品的浅小盘子，从某种意义上可以说是盘的微缩版，比盘子小，底平而浅。一般而言，盘大碟小，盘深碟浅。而带有高足的碗碟，多为供碗供碟，用以盛放水果等供品，基本形式为浅盘，口沿外撇，盘心平坦，下承空心喇叭状高足。

新乡市博物馆藏粉彩瓷碟，多为民窑产品，除技法、材质、款识等与官窑产品有所区别外，题材、器形上的差异也非常明显，有较为鲜明的时代气息，如多为高圈足，底部施豆瓣绿釉，普遍采用描金工艺，器物边口部分往往描金等。器形也更加多样化，除了常见的圆形，六棱、八角等多边形较多出现。

粉彩高把供碟

3.“乾隆年制”款绿釉粉彩婴戏折枝花卉纹秋叶形碗，清代，高 6.6 厘米，口径长 20 厘米，底径长 12.2 厘米，底径宽 6.7 厘米。此碗以形似秋叶而得名，口外撇，呈曲线形，浅腹下收，壁向内斜。沿着高低起伏的花瓣形口，腹壁亦做出凹凸的棱线。内外壁均施豆青色釉，外壁绘牡丹、荷花、菊花、兰花、梅花等花卉，内壁绘婴戏图。底有红色仿“乾隆年制”四字楷书款，显示此为晚清仿品。

婴戏图是陶瓷上常见的纹饰。古人认为，婴戏图象征多子多福、生活美满，故将儿童嬉戏、玩耍的场面绘于瓷器上。瓷器上装饰的婴戏图有童子戏花、婴戏三果、双婴划船、骑竹马、抽陀螺、钓鱼、玩鸟、蹴鞠、赶鸭、放鹌鹑、攀树折花等，线

“乾隆年制”款绿釉粉彩婴戏折枝花卉纹秋叶形碗

条简洁流畅，构图生动活泼，人物天真可爱。清代瓷器上的婴戏图多描绘富贵子弟的游戏场面，如点彩灯、骑马做官、舞龙等，民间色彩已经淡薄。此秋叶形碗内所绘婴戏图中，七名儿童形象各异、生动活泼、稚趣可爱，富有浓郁的生活气息。

第四章　翰墨丹青

李鱓《三猿寿桃图》

《三猿寿桃图》，清代，纸本设色，纵 134 厘米，横 290 厘米，现藏于新乡市博物馆。此画为清代著名画家、扬州八怪之一李鱓所作，尺幅之大，在其存世作品中屈指可数，也是李鱓罕见以猿猴为题材的画作。

李鱓（1686—1762），字宗扬，号复堂，别号懊道人、墨磨人。江苏扬州府兴化县人，明代状元宰相李春芳第六世孙。康熙五十年（1711）中举，康熙五十三年（1714）以画供奉内廷，因不愿受“正统派”画风束缚而遭忌离职。乾隆三年（1738）出任山东滕县知县，为政清廉，颇得民心，后“以忤大吏罢归”，居扬州，以卖画为生。

李鱓工诗文书画，曾随蒋廷锡、高其佩学画，其宫廷工笔画造诣颇深。后受石涛影响，擅画花卉、竹石、松柏。早年画风工细严谨，颇有法度。中年画风始变，转入粗笔写意，挥洒泼辣，气势充沛。李鱓既精勤于传统绘画基础，更注重写生，所作花卉，不拘法度，泼墨淋漓，犹不失天趣，对晚清花鸟画有较大影响。

《三猿寿桃图》，绘桃树一株、猿猴三只、桃百余个。图中一株粗壮桃树虬曲多枝，由右向左生发，树干斑驳如鳞，树枝疏密有致，果实硕大红熟。通过粗壮的枝、繁茂的叶、累累的果，可以看出这是一株充满活力的老树。画家用浓淡不同的笔墨层层点染出树皮的粗糙斑驳，以细致淡雅的设色没骨法画桃子，叶之偃仰向背，桃之掩映单复，枝干之穿插伸展，都表现得生动多姿，富于立体感。笔法灵活多变，既有奔放酣畅的一面，又有清丽谨严的一面，自然浑融，显示出李鱓精湛的艺术功力。

此图描绘了两只猿猴正在桃树上摘果的场景，准确生动地表现出它们灵活矫健的身姿和聪明顽皮的神态。画中猿猴三只，体态各异，左顾右盼，神情生动。或手抱桃子坐于树下，或侧身盘踞倒挂于枝，或集中精力专心摘果。三猴一正一侧一斜，各不相同又彼此呼应，整体神气生动。猿猴的造型以及皮毛的质感都把握得十分准确，双目描绘尤为精到，以半工之笔出之，传神似活物。皮毛也由于墨色浓淡枯涩的巧妙运用而显出不同的质感，惟妙惟肖。另有山坡低岸、草木水石等衬景，以消闲写意笔墨图之，虚实相间，飘逸灵动。

图左上题诗："桃华影澹通，猿鸣迴入风。隔帘还啸侣，临潭自向空。挂藤疑欲饮，吟枝似避弓。别有三声泪，沾裳竟不穷。"署款"乾隆乙丑春三月写""复堂李鱓"，钤白文方印"复堂”、朱文方印“衣白山人”。

《三猿寿桃图》构思精妙，寓意吉祥。“猴”与“侯”谐音，有“加官封侯”之意；“猿”又谐音“元”，象征状元功名。桃为五木之精、增寿瑞果，寓意长寿。猴喜食桃，有“猴桃瑞寿”之说，

李鱓《三猿寿桃图》

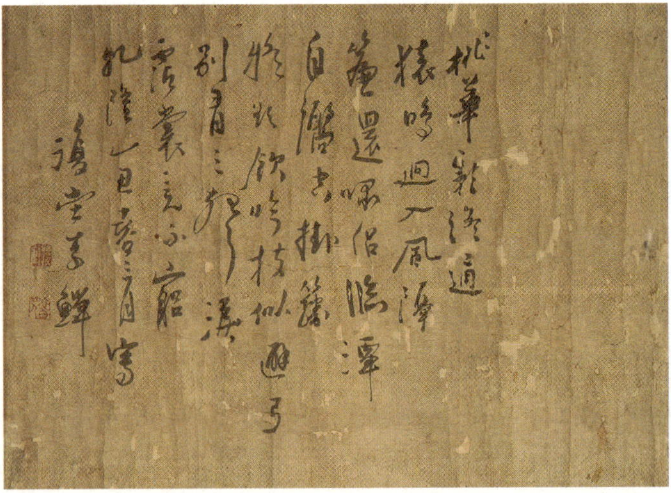

《三猿寿桃图》左上题诗

抱桃猴被视为贺寿之神。三猿献寿，更有“连中三元”之意。加之百年老树，根深叶茂，枝壮果硕，虽仅以桃猴入画，却蕴含了加官封侯、金榜题名、增福添寿、家族兴旺之美好寓意。

此画尺幅巨大，似非抒情写意或适情自娱之作，从内容上看，更像是为适应求画者祝寿之用。从题款知，此画作于乾隆乙丑春三月，即乾隆十年（1745），李鱓时年59岁，正是他晚年辞官、以卖画为生的阶段。《三猿寿桃图》从内容到形式都反映了李鱓画风成熟时期的特色。构图疏密有致，有藏有露，随意点染，横涂竖抹，却不失整体感和层次感，显示了画家超强的笔墨驾驭能力。工写相兼，色墨并用，体现了他任宫廷画师时沉淀的深厚的工笔画功底。用题诗来阐发画意，补足画面余意，诗书画紧密结合，交相辉映，堪称其晚年别具一格的精品。

李鱓性格孤傲不羁，“才雄颇为世所忌”，又藐视权贵，终未能免“两革功名一贬官”的坎坷命运。《三猿寿桃图》虽为祝寿题材，但题画诗最后两句“别有三声泪，沾裳竟不穷”，却也流露出作者当时些许凄婉的心态，符合他晚年仕途失意、不得不鬻画为生的悲凉境遇。李鱓一生绘画题材虽广泛多样，但亦鲜有以猿猴入画作品传世，故新乡市博物馆的这幅《三猿寿桃图》十分罕见，尤为珍贵。

任鼎《杨慎簪花图》轴

《杨慎簪花图》轴，清代，纸本设色，纵 136 厘米，横 63 厘米，现藏于新乡市博物馆，属国家二级文物。

此图描绘了明代官员、文学家杨慎被流放云南时与女子簪花的生活景象。画中的杨慎身材魁伟，体态微胖，身着宽袍大袖，右手扶帽，左手正在将芍药花簪于冠上。他双目下视，似有醉意，但眉宇间透着一丝坚毅。胸前醒目的飞禽补子，表明了他明代文官的身份。身后有一侍女随从，鹅蛋形脸，细眉凤眼，樱桃红唇，双手持酒樽，凝望着主人。女子衣纹婉丽自然，腰间佩带玉佩，有流苏绳结。左上款署“光绪丙戌花朝写于梁园寓斋”“又亭任鼎”。下钤印两方：上为“任鼎”朱文印，下为“又亭”白文印。

簪花是画家笔下常见的创作题材，唐代周昉有传世名画《簪花仕女图》。然古时簪花却并非女性专利，男子戴花也较为普遍。这一现象最早出现在南北朝，兴于唐代，风靡两宋。在整个宋代社会，簪花可以说是全民性的日常行为，不分富贵贫贱、年龄性别，十分普及。《东京梦华录》记载，元日这一天，汴京大街上“游人如织，子弟多有簪花者”。每逢重大节庆，君臣也都有戴花的习俗。宋徽宗每次出游回宫，都“御裹小帽，簪花乘马”。北宋沈括《梦溪笔谈》载，庆历五年（1045），韩琦在扬州做太守，邀请王安石、王珪、陈升之到其后花园饮酒赏花，每人头上均簪芍药花，后这四人先后都做了宰相，“四相簪花”一时传为美谈。两宋时，与簪花有关的诗句更是比比皆是。杨万里有诗曰：“牡丹芍药蔷薇朵，都向千官帽上开。”陆游亦有“归见诸公问老子，为言满帽插梅花”之句。在乡野坊间，男子簪花也颇为流行。《水浒传》中的浪子燕青“腰间斜插名人扇，鬓畔常簪四季花”，其他如“一枝花”蔡庆、“病关索”杨雄、“小李广”花荣等梁山好汉，也多有簪花装扮的形象。

除了审美意趣，宋人簪花还上升为一种政治行为，纳入宫廷礼仪，赐花而簪成为一种荣耀的表现。《宋史·舆服志》载：“幞头簪花，谓之簪戴。……罗花以赐百官，栾枝，卿监以上有之；绢花以赐将校以下。”文人士大夫往往借簪花来表达心境：登科及第、金榜题名时，要簪花以表现人生得意；而身处逆境或失意时，也会用簪花来宣泄或自嘲。北宋词人黄庭坚被贬后，“醉里簪花倒著冠”，以歪戴帽子、斜插花表达不满。

杨慎傅粉簪花的故事在明末广为流传。杨慎（1488—1559），字用修，号升庵，新都（今四川成都）人，明代文学家、官员、学者。他是明代户部尚书、文渊阁大学士杨廷和之子，曾以殿试考取状元，授翰林院修撰、经筵讲官等职，追赠“光禄少卿”，谥号“文宪”。杨慎一生颇具传奇色彩，他出身名门，少年成名，殿试夺魁，因为人耿直，被贬至云南永昌卫。戍滇三十年，曾平息叛乱，后终老云南。谪戍期间，杨慎博览群书，著述颇丰，并时常作诗文咏志。其中一首《临江仙·滚滚长江东逝水》，被清初文学家毛宗岗修订《三国演义》时引为开篇词，广为传诵。《明史·杨慎传》称其“好学穷理，老而弥笃”，说“明世记诵之博，著作之富，推慎为第一”。

相传杨慎谪戍云南时，醉酒后常以粉涂面，头上插花，与女妓同行。《乐府纪闻》称其“暇时红粉傅面，作双丫髻插花，诸妓捧觞以行，了不为怍”。明代王世贞《艺苑卮言》、谢肇淛《滇略》对此都有记载，这一故事甚至被编入杂剧，为世人所知。明代陈洪绶有《升庵簪花图》，今藏于北京故宫博物院。

此《杨慎簪花图》轴为清代画家任鼎所作，其生卒年不详。清代彭蕴灿所著《历代画史汇传·附录》有载：“任鼎，清代，字又亭，浙江人，工人物，逼真。”此图无任何背景衬托，着重于刻画人物动作神态，意在突出表现人物个性情志。在笔法运用上，兼工带写，墨色

任鼎《杨慎簪花图》轴

浓淡相宜，韵味十足。人物面部采用游丝描，笔力匀细，将眉目、发髻勾勒得十分精细。人物衣纹以草书笔法入画，用中锋勾勒线条，笔法简练，粗放纵逸，表现出衣服的质感与飘逸之态。部分细节，如酒樽上细密的纹饰，描绘得相当工整细致。敷色浅淡清雅，仅在头部簪花、衣上飘带及玉佩流苏处部分施色，十分醒目，具有点亮画面的效果。画家以高超的技法，将杨慎放浪不羁的形态、倔强耿直的风骨、不媚权贵的高傲淋漓尽致地表现了出来。而透过醉酒簪花这一举动，我们似乎感受到了杨慎被贬后心情压抑、不满现实的无奈，不为世人理解的怨愤，以及身处逆境仍超然洒脱的人生态度。

附：

王铎《草书五言诗》轴

明代，绢本，纵 275 厘米，横 65 厘米，现藏于新乡市博物馆，属国家二级文物。内容为王铎书唐代郑谷《华山》五言诗一首：“峭仞耸巍巍，晴岚染近畿。孤高不可状，图写尽应非。绝顶神仙会，半空鸾鹤归。云台分远霭，树谷隐斜晖。……野花明涧路，春藓涩松围。”落款“郑谷华山作”“甲戌秋”“王铎”。上朱文方印“王铎”，下白文方印“太史氏”。此作品采取纵有行、横无列的纵式章法布局，神完气足，笔法娴熟，使转自如，气势雄浑，张弛有度，墨色枯润互见，王铎大气磅礴之书风立显眼前，为王铎代表之作。

王铎（1592—1652），字觉斯，一字觉之，号嵩樵，又号痴庵，别署烟潭渔叟。明末清初著名书法家，河南孟津人，世称“王孟津”。王铎生于明万历二十年（1592），明天启二年（1622）中进士，累擢礼部尚书。李自成攻克北京后，南明弘光政权任王铎为东阁大学士。次年入清，授礼部尚书、官弘文馆学士，加太子少保，清顺治九年（1652）病逝于孟津，终年60岁，谥号“文安”。

王铎博学好古，工诗文、善书画，以行草著称于世。其书法风格远追“二王”，雄浑遒劲，气势磅礴，纵而能敛，放而能收，以险取势，长于布白，风格独特，自成一家，素有“神笔王铎”之美誉。

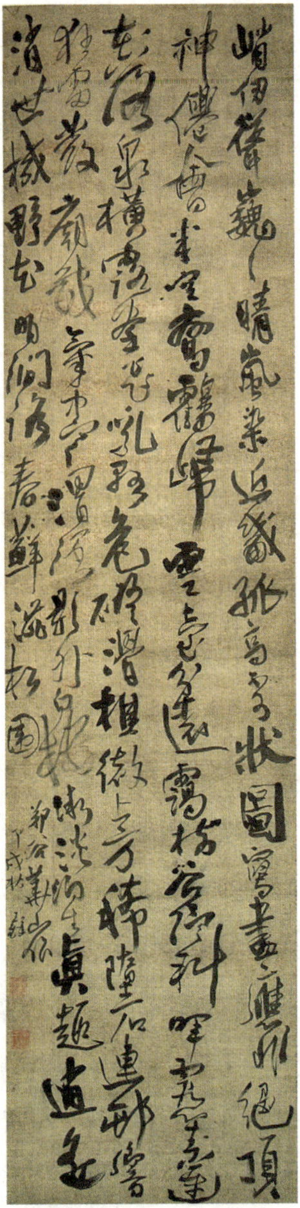

王铎《草书五言诗》轴

陆远《青绿山水图》轴

清代，绢本绫裱，画心纵 225 厘米，横 102 厘米，现藏于新乡市博物馆，属国家一级文物。此轴为“之”字形构图，主景在中后部分。远景山峰依石而立；中景楼宇、人物、舟车、松柏森森，溪水潺潺，有静有动；近景左实右虚，林木枯荣互见，鸟鸣枝头，桃花初放。左下角有“陆远”行楷书款，下钤朱、白印章各一方，白文“陆远”，朱文“静致”。整体构图饱满，开合有度，气势恢宏，设色厚重而不呆板，亮丽而不落俗格，云壑、楼台、桃花、松林，各安其态，观之如临其境。林木郁郁，山势巍峨，溪水潺潺，大有可游可居之气象。

陆远《青绿山水图》轴

陆远，生卒年不详。清代早期画家，工诗文、善绘画，尤精青绿山水，取法唐宋“院体”，功力颇深。所绘金碧山水、大青绿山水，颇得宋人旨趣。其画作笔精墨佳，于秀润中见气势，工整中见功力，为有清一代北派山水画之巨擘。

周璕《墨龙图》轴

清代，绢本，纵196厘米，横98厘米，现藏于新乡市博物馆，属国家一级文物。此作绘一条巨龙在云海中飞腾，龙首、龙身、龙爪隐现有致，藏露有度，神情毕现，匠心独运，龙的威严神秘之气跃然纸上，大有呼之欲出之感。右下角有楷书款“嵩山周璕写”和两方印章：上白文“周璕之印”，下朱文“昆来”。

周璕《墨龙图》轴

周璕（1649—1729），字昆来，号嵩山，江宁（今江苏南京）人。其画作重写实，善渲染，造型准确，尤以画墨龙著称。《国朝画征录》载：“其画龙，烘染云雾，几至百遍，浅深远近，蒸蒸霭霭，殊足悦目。”

第五章 漆木造像

中和之美潞王琴

一、文物品鉴

20世纪80年代初，新乡市博物馆几经周折，从北京私人藏家张昭重处征集到一张古琴。琴身通长120.7厘米，首宽17.3厘米、肩宽18.5厘米、尾宽13.7厘米，额厚4.5厘米。通体髹黑漆，八宝灰胎，琴面上有13枚螺钿徽、7根弦。琴体圆厚，琴形方正，边棱较直，边线方折。琴首方形，两端切角。琴肩在第二与第三徽之间，呈斜形。琴腰在第八至第十徽间，承露圆角。焦尾冠角较尖，上有灯草线盘成卷草纹。琴背上有圆形龙池，下有方形凤沼。龙池上方刻隶书“中和”二字，下刻楷书五言绝句：“月印长江水，风微滴露清。会到无声处，方知太古情。”落款“敬一主人”，其下刻篆书“潞国世传”方形大印。龙池内环刻“大明崇祯甲戌岁潞国制陆拾肆号”。据此可知，该琴为明朝第二代潞王朱常淓于崇祯甲戌年（1634）监制，编号64，世称“潞王琴”或“中和琴”。

二、潞王与潞王琴

朱常淓（1608—1646），字中和，号敬一，自称“敬一主人”，又号“敬一道人”。他是明太祖朱元璋十世孙、神宗万历皇帝亲侄、潞简王朱翊镠第三子，万历四十六年（1618）袭父潞王爵位，藩国在今河南卫辉，世称“小潞王”。

朱常淓习文翰，晓诗书，精音律，通典释，嗜古玩，素有贤名。他尤善制琴，在遍审前代琴式的基础上，改良设计出一种独特的新琴式，将天地自然、阴阳象数意会融合于琴身，使琴的各部位都被赋予高度象征意义，并以体现儒家思想的“中和”命名，作为其“按形合道”之法。区别于其他琴式以弧形线条来勾勒琴体美感，潞王琴以方正的转折来呈现庄严感，凸显出“王者之器”的尊贵和与众不同。最明显的特征是：琴额左右两端有“八”字形切角，象征八节气；琴项与琴腰的边缘呈凹入方折，左右共四处，象征四时；琴背上龙池为圆，凤沼正方，象征天圆地方。朱常淓在自己纂集的《古音正宗》里明确记载了此琴制的含义：“是制也，额起八棱，以按八节；腰起四棱，以按四时；龙池上圆，凤沼下方，以按天圆地方；琴尾作环云，托尾作双星，以按景星庆云，乃成天象，名曰中和。”

潞王制琴选材考究，以宝石粉末调和生漆的八宝灰胎，使琴身的斑斓漆色焕发出高贵的特质，为一般明代古琴所不及。

精致严谨的琴身和紫檀配件的制作，同样体现了明代王府制琴不惜工本的原则。潞王琴在质量上堪称明代藩王斫琴之冠，故在当时备受珍视，崇祯皇帝将其作为御赐宝物。至清代中期，更被藏家视为珍品。

关于潞王琴的数量，历来说法不一。清乾隆《汲县志》记载，潞王制琴360张。清王世祯《池北偶谈》卷十九《潞王琴》称："故明潞藩敬一主人，风尚高雅，尝造琴三千张。"今之传世潞王琴不足百张，国内外公私藏家均有收藏，每张皆带编号。如18号藏于美国大都会艺术博物馆，272号藏于辽宁省博物馆。参考古籍记载，结合今之传世品编号分析可知，比较可信的数量为400张左右。

三、文化内涵

（一）丝竹之音，推琴为首

上古有"八音"分类法，即按乐器的材质，分为金、石、土、木、丝、竹、革、匏八类。如钟属金乐，鼓属革乐，磬属石乐，埙属土乐。琴属丝乐，又称"瑶琴""玉琴""七弦琴"，至今已有3000年左右历史，承载着深厚的中华文化内涵和深邃的人文道德精神，在我国传统乐器中最富代表性，后世以"丝竹"代指音乐。

明代李渔《闲情偶寄·丝竹》曰："丝竹之音，推琴为首。"古琴可抚奏、可自娱、可知音、可修为，尤其适合个人表露心意，抒发生命感怀。盛唐诗人王维一生仕途坎坷，晚年归隐辋川，在幽深竹林中，与天地自然为友，弹琴长啸：“独坐幽篁里，弹琴复长啸。深林人不知，明月来相照。”（《竹里馆》）抗金名将岳飞在壮志难酬的悲愤中，发出了“欲将心事付瑶琴，知音少、弦断有谁听”（《小重山 · 昨夜寒蛩不住鸣》）的叹息，想借弹琴来抒发满腔的苦闷与无奈。

琴音“哀不至伤，乐不至淫”，讲究中正平和。抚琴时运指调气，可以“导养神气，宣和情志”，因此弹琴具有调节情绪、抒发感情、平衡脏腑之功效。2000 多年前，《黄帝内经》就提出了“五音疗疾”理论。欧阳修曾患抑郁之疾，久不能治，后向友人孙道滋学琴，沉浸其中，备觉欣然，进而身心舒畅，忘却烦恼。故有“百病皆生于气，而止于音”之说。

（二）众器之中，琴德最优

作为一种古老的乐器，琴是古代文人用来修身养性的首选乐器。春秋时期，琴瑟已成为士人必修的技艺。《礼记·曲礼》载，“士无故不彻琴瑟”。晋人嵇康《琴赋》曰：“众器之中，琴德最优。”古人认为，琴音有“四善九德”：“四善”即苍、松、脆、滑；“九德”为奇、古、透、润、静、圆、匀、清、芳。琴音醇和淡雅中有金石之韵；发声清亮绵远而不咽塞，纯净而无杂音；韵长不绝，弹愈久而声愈出。这种清、和、淡、雅的特点，寄寓了文人凌风傲骨、超凡脱俗的处世心态。伯牙子期因“高山流水”而成知音的故事流传至今，琴台也被视为友谊的象征。

相较于琵琶繁音促节、表现力强的特点，古琴音量不大，含蓄内敛，颇具君子谦和之风。对于演奏环境，也有诸多讲究。

琴有“五不弹”，即疾风甚雨不弹，于廛市不弹，对俗子不弹，不坐不弹，不衣冠不弹。故弹琴多于竹前松下、山涧水边、亭榭楼阁、文房廊下进行。李白在《听蜀僧濬弹琴》中写道：“蜀僧抱绿绮,西下峨眉峰。为我一挥手,如听万壑松。客心洗流水，余响入霜钟。不觉碧山暮，秋云暗几重。”犹如伯牙挥手、子期听声，琴者琴心相合，不喧不闹，不急不躁，自在清和。

（三）众乐之君，圣人之器

关于琴的发明，有伏羲说、神农说、黄帝说、唐尧说、虞舜说等。相传伏羲、神农氏“削桐为琴、绳丝为弦”，创造了古琴。汉代马融《长笛赋》载,“昔庖羲作琴,神农造瑟”。《礼记·乐记》：“昔者舜作五弦之琴，以歌南风。”宋代《琴史》：“昔圣人之作琴也，天地万物之声皆在乎其中矣。”明代宁王朱权《神奇秘谱》：“琴之为物，圣人制之。”

斫琴材质，多选桐面梓底。《淮南子·修务训》：“山桐之琴，涧梓之腹。”桐木木质松而韧，易共鸣，一般用以制面板。而琴底要起到反射声音的作用，所以选较硬木质，一般为梓木。《诗经·鄘风·定之方中》：“椅桐梓漆，爰伐琴瑟。”

晋傅玄《琴赋》序云：“齐桓公有鸣琴曰号钟，楚庄有鸣琴曰绕梁，中世司马相如有绿绮，蔡邕有燋尾，皆名琴也。”古琴命名，有冠之高古圣贤之名，以警醒世人，如伏羲式、神农式、仲尼式；有定名为自然之美物，以澄净和旷达心态，如落霞式、蕉叶式。琴的样式也正如其名，讲究天圆地方，造型古朴，透出圣人君王之神圣气度。或线条起伏宛转，呈现出天然之韵律。

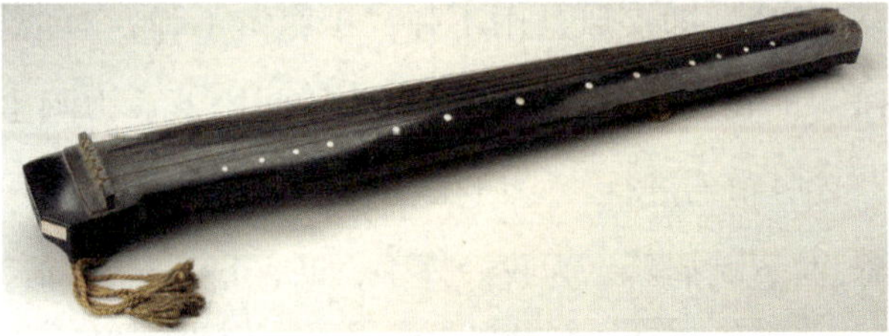

潞王琴

潞王琴背面

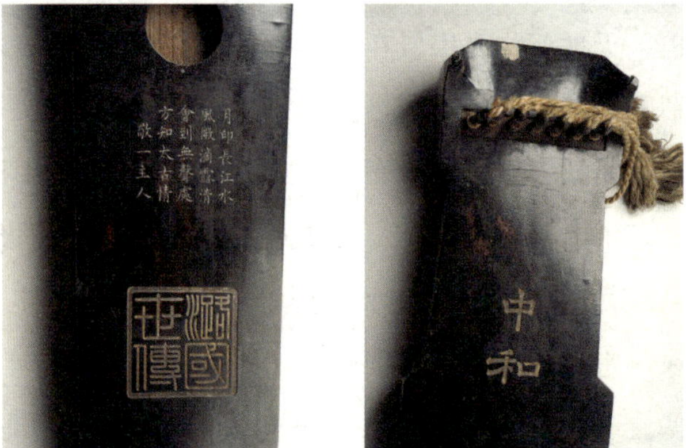

潞王琴局部

清代《五知斋琴谱》，收录古琴样式50余种。唐代九霄环佩琴、枯木龙吟琴，宋元龙吟虎啸琴、徽宗御制松石间意琴，明代蕉叶听雨琴、万壑松风琴，清乾隆皇帝御制湘江秋碧琴等，均为传世名琴。

孔子提倡琴乐，认为“君子乐不去身，君子与琴比德，唯君子能乐”。古琴承载崇圣思想、礼乐精神，可以载道象德，亦可修身明志。儒家文化里的中和仁爱，道家学派中的清净超然，以及不被流派所限的人生智慧，均蕴含其中，堪称“圣人治世之音，君子修身之物”。

三教神祇　护国佑民

——馆藏关公文物解读

在中国历史上，关羽本是三国时期真实存在的英雄人物。自宋以来，其形象不断被美化、神化和圣化——“侯而王，王而帝，帝而圣，圣而天”，成为儒家文化中的“武圣”“关夫子”，道教中的“关圣帝君”“关公”“关帝”，佛家的护法神“伽蓝菩萨”，是儒释道三教共同供奉的神祇。他忠义仁勇，护国佑民，堪为全能之神，是中国民间供奉香火最多的神仙之一。怀着对关公虔诚的崇敬，人们广建庙宇，塑像供奉，出现了“万古祠堂遍九州”的现象，也留下了许多珍贵的宗教艺术作品。

新乡市博物馆藏关公像数件。从造型上看，既有体积庞大的戎装坐像，又有威风凛凛的跨马出征像，及夜读《春秋》像和立像；以年代材质分，既有明代的铜造像，又有清代民间的木版年画神像、民国五彩陶瓷塑像等。这些关公题材文物，都颇具典型性与代表性，或依托经典故事场景，或寄托人们的美好愿望，从不同角度展示了关公文化与关公信仰。

一、忠义仁勇：关公铜立像

清代，铜质，高 29.9 厘米，重 3.105 千克。关羽正立于方形底座上，头戴巾帻，右手捋着飘扬的美髯，左手抬起于胸前，呈空心状，推测原本应持有大刀。造型质朴生动，面部表情祥和庄重，显出威严与正直，体现了关公的智勇与忠义。

宋元期间，民间说唱艺人对史实不断加工演绎渲染，使得关羽逐渐成为家喻户晓、具有传奇色彩的英雄人物。民间多称关羽为“关公”“关帝”“关老爷”。清乾隆年间，在关羽的家乡山西地区，人们尊称其为“关夫子”“河东夫子”。如今位于河南洛阳的山陕会馆，其始建于清雍正年间的山门，明间拱券上镶石匾一方，上书“河东夫子”。

佛教将关羽列入护法神，尊称其为“伽蓝菩萨”。佛家十八伽蓝菩萨，以关公形象为代表。《佛祖统纪》卷六《智凯传》载，隋开皇十二年（592），高僧智凯到湖北当阳玉泉山建庙传教，夜见一长髯神人，自称汉将关羽，现为当阳山主，愿做佛门弟子，智凯奏于晋王杨广，杨广遂封关羽为伽蓝护法神。唐宋时，禅宗道场已有供奉伽蓝神的风俗。伽蓝菩萨关羽和韦驮菩萨一起，并称佛教寺院的左右两大护法神。

关公铜立像

至迟宋朝末年，民间供奉关羽的庙宇已经“郡国州县、乡邑间并皆有”。明清时期，关庙数量则更为庞大，遍及南北。以都城北京为例，据明万历时沈榜在《宛署杂记》中统计，仅宛平县属的北京城内外就建有关庙51座。清代更甚，凡有府州县卫所衙门者，必建官方关庙，故有所谓关羽“庙祀亦遍天下，与孔子等”的说法。据《京师乾隆地图》载，清代北京城内外有关庙200座以上。

洛阳山陕会馆山门及其“河东夫子”石匾

二、万人之敌：关公骑马出征像

清代，铜质，鎏金，高107厘米，宽69厘米，重96千克。关羽身着甲胄，腿跨战马，昂首挺胸，气宇轩昂，神态威严，五缕长髯整齐飘散于胸前，双臂折弯作持刀状，右手为空心，推测原造像手中可能持有大刀。整体造型特征突出，形神兼备，栩栩如生。

关羽的相貌，陈寿在《三国志》中并未有过多描述，只称“羽美须髯”，和张飞“皆称万人之敌，为世虎臣”，“并有国士之风”。

清代学者赵翼也称，“汉以后称勇者，必推关、张”。关羽英勇善战，“忠而远识，勇而笃义”，手握青龙偃月刀、腿跨追风赤兔马的骑马出征像是关羽最为常见的造型之一。

关公骑马出征像

关公崇拜自民间始，最终由人到神，在这个过程中，既有佛道传教、民间信仰的因素，更离不开官方的推崇。据清代史学家赵翼考证，庙堂上的关羽禋祀，要到北宋末年才启动。《陔余丛考》卷三十五《关壮缪》载：“关壮缪在三国、六朝、唐、宋皆未有禋祀。考之史志，宋徽宗始封为忠惠公，大观二年加封武安王……元文宗天历元年加封显灵威勇武安英济王。明洪武中复侯原封，万历二十二年因道士张通玄之请，进爵为帝，庙曰英烈。四十二年又封三界伏魔大帝、神威远镇天尊、关圣帝君……顺治九年，加封忠义神武关圣大帝。”明朝中后期，关庙遍布全国，香火繁盛，甚至超过了官方倡导的孔庙。清雍正三年（1725），朝廷颁令以关帝庙为武庙，并入祀典，文武百官、各省县百姓按祭孔之太牢祭仪进行春秋两祀。关公成为国家祭祀的主神，达到了与“文圣”孔子并驾齐驱的地位。孔子与关公，一文一武，并称“文武二圣”。

三、护国佑民：关公神像年画木刻版

豫北地区三层年画神像木刻版，清代，纵122.5厘米，横63.5厘米。

神像上中下三层共六尊主神，分别为三仙奶奶、关公、财神。上层三尊道教神像，俗称“三仙奶奶”“三仙老奶”。上层中间为碧霞元君，俗称“泰山娘娘”“泰山老奶奶”“泰山老母”等。碧霞元君左右分别是送子娘娘和眼光娘娘：送子娘娘手中托着娃娃，眼光娘娘手中托一只眼睛。中层为关公神像，关公端坐中间，周仓握青龙偃月刀，关平手捧金印，分立左右。下层为增福财神。

关公历来是民间重要的祭祀对象。关公信仰是中国历史上一个独具特色的文化现象，其中隐藏着中国传统价值体系的建构过程。这一过程既受宗教因素的影响，又有政治力量的干预，更是复杂的社会现象。将天地神灵和祖宗供奉一堂，是中国传统民间比较常见的现象。如将关圣帝君、文武财神、观音菩萨与神农、灶王等杂祀一堂，祈求全家平安、生财、有福。新年时，作坊印制此类神像年画以应市上需要。年画有三层神像的，也有加上玉皇大帝、王母娘娘等的四层神像的，及囊括众神的天地全神六层神像的。关公通常都作为主神列于中心位置，这反映了关公信仰深厚的民间基础，也是北方地区多神祇供奉、多需求祈福的典型表现。

关羽作为真实存在的英雄人物，有优点也有性格弱点，时人对其有相对客观的评价。如曹操称，关羽“事君不忘其本，天下义士也”。陈寿指出，关羽“善待卒伍而骄于士大夫”，“羽报效曹公，飞义释严颜，并有国士之风。然羽刚而自矜，飞暴而无恩，以短取败，理数之常也”。在名目繁多的各类本土神祇中，唯有关公信仰圆融了儒释道三教，跨越了地域行业，覆盖了社会各阶层，影响波及四裔海外，成为传统伦理道德最大的价值符号。南怀瑾先生在《〈武圣关壮缪遗迹图志〉序》中精辟指出:“尝谓上下五千年，中国文化之人物，于史册名闻之外，而独能普遍流芳于百代，且又为后世所尽知之人物，誉圣颂帝，数不多得，文如尼山之孔夫子，固不具说。武则关、岳并称，而尤以关公为普闻，其故何哉？……至如世所标榜关公之忠义，则于忠道之诠释，不仅施于君臣之际，且可尽于人伦纲常之间。其于义道之影响，且可概于朋友之适而及于社会之则。是诚春

豫北地区三层年画神像木刻版及其拓片

秋大义之微旨，故关公之典范，终能由人道而臻于神明之尊，岂偶然哉？”

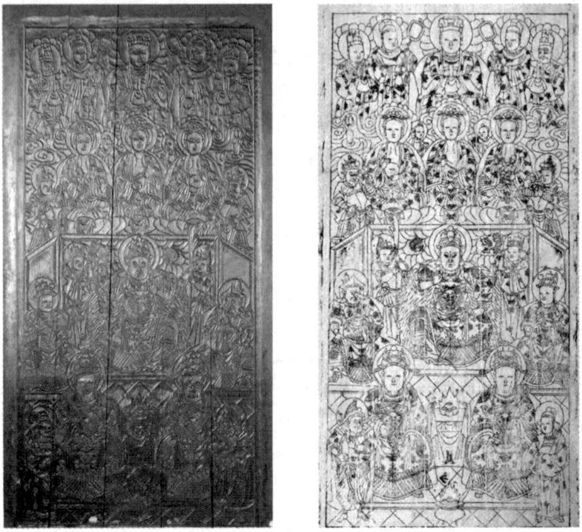

豫北地区四层年画神像木刻版及其拓片

豫北地区天地全神年画神像木刻版及其拓片

延伸阅读

中国青铜器

铜是人类最早认识、利用的金属之一，世界冶金技术发展史认为，铜是最先实现冶炼并被规模化生产与推广的金属。人类古时在地面上能直接接触到的金属只有两种：一种是黄金，另外一种就是铜。自然界中有一定数量的天然铜存在，见于铜矿的露头处，呈肉红色，这种天然铜和冶炼中未掺入其他金属的铜即为纯铜，又称红铜。

含铜量超过 80% 的赤铜矿，是自然存在的氧化亚铜矿物，具有美丽的红色和晶面，只需在木材甚至秸秆燃烧下就能产生红色的铜。其质地像金银一样软和，便于切割，最初的用途就是与金银一起用作货币，而且巧合的是三种金属同属化学元素周期表的十一族，该族元素也被称为货币金属（coin metals）。金、银、铜分别呈金黄色、银色和亮红色，随着使用，只有惰性金的颜色变化小，银在遇到含硫（或含硫蛋白）物质后变黑，铜容易氧化为二价铜而呈蓝绿色。

冶炼技术的发展推动了更大量铜的产生，使人们有了制备装饰和祭祀器皿所需要的量。然而，与容易塑造相伴而生的是纯铜的质地太软，铸造时需要较高的温度，成型的性能也不理想，因此很少被用来制作器物。但如果加入一定比例的锡或铅，情况便大有改善。根据添加元素的种类和数量，就有了青铜、紫铜、黄铜和白铜之分。用两种或两种以上的金属，经高温使它们熔合在一起，成为另一种金属，这种具备了新的物理和化学性能的金属，即为合金。

青铜器的“青”是长期使用与存放过程中器皿氧化呈青绿色的结果。青铜器的原料是铜与锡或铅，甚至是铜与锡和铅的合金，刚铸成时呈金黄色，所以古时称铜为“金”，将青铜器叫作“吉金”，青铜器上的铭文便被称作“金文”，如金石学中的“金”即就青铜器而言。

青铜作为我国历史上最早被大规模使用的金属材料，在早期历史中扮演着十分重要的角色。1974 年，考古工作者在距今 5000 年的甘肃马家窑文化遗址中，发现了一把青铜刀，该青铜刀是目前已知最早的青铜器实物。随着在历史长河中的不断发展，青铜铸造业在夏商周时期达到鼎盛。这一时期的青铜铸造业高度发达，青铜器物尤为精美，广泛用于日常生活、祭祀和丧葬等，因此此一时期亦被称为“青铜时代”。

中国古代青铜器自诞生之日起，就被赋予了很多特殊内涵，与当时的政治、经济、文化紧密相连，作用远超一般的实用功能。作为宗法制度、礼乐制度的外在化身，青铜器也是权力和财富的象征。多变的造型、精美的纹饰以及内容丰富的铭文，使其极具历史价值、科学价值与艺术价值。

青铜作为一种合金，熔点低，硬度高，保持金属光泽和抗腐蚀性能好，与纯铜（红铜）相比优越性非常明显，可以铸成更为精美的器物。

首先，青铜的熔点比红铜的低，青铜比红铜更容易冶炼。红铜的熔点为 1083℃。熔铜时加入一定量的锡，可以降低熔点。如加入 15% 的锡，熔点可降至 800℃；加锡量达 25%，熔点还可降至 800℃以下。加锡不仅可以降低熔点，还能增加硬度和光泽度。此外，加入一定量的铅，可以显著改善铜液浇铸时的流动性，提高铸造工艺性能。有关中国古代青铜器合金成分的配比，最早见于《周礼·冬官·考工记》记载的“金有六齐”，此与现代冶金材料学理论非常吻合，对研究冶金发展史起到了重要的作用。

其次，青铜的硬度远较红铜大，可以铸造实用的工具和武器。红铜的硬度只有布氏 35 度，如加锡 9%—11%，其硬度便可增至布氏 60—70 度，可以用来铸造各种工具和兵器，从而扩大了铜器的使用范围。

由于地面可采集的自然铜很少，青铜器的大量铸造，必须依靠铜矿的开采和冶炼。青铜器的铸造，一般要经过开采铜矿、冶炼、制范、熔铜、浇铸、打磨等多道工序。铸造的方式大致分为熔模法和块范法两种。其中块范法是中国青铜器工艺技术的重要传统和主流方法，在商代晚期已发展臻于完善。模范铸造是中国青铜器制作工艺有别于世界其他文明地区的重要特征。

块范法铸造的主要流程包括：

1. 备料。一般采用地表深层的黄土或河滩的淤泥，黏性比较好，然后加入沙砾、草木灰、熟土等其他物质，增强透气性，充分搅拌后静置几天。

2. 制模。模也叫“母范”，可以选用陶、木、竹、骨、石等各种材质，最常见的是陶模。工匠用工具制作出想要的模型，阴干、入窑烧制后使用。

3. 翻范。在制作好的泥模外面包裹一层泥土制作外范，外范需要分块制作，并雕刻出精细的花纹。

4. 制芯。在泥模表面均匀地刮去纹饰，刮削的厚度就是铸造青铜器的厚度。当然，除这种方法外，还可以把泥模做成空心的，从空心的泥模中脱出芯来；也可以利用外范来翻模制芯。

5. 烘范。将分块制作的外范和泥芯组合成一体，并在内范和外范之间用铜垫片做支撑，外面糊上草拌泥固定，得到铸造型腔。为了防止浇铸时型腔因为铜熔液温度过高而崩裂，要将铸造型腔阴干后放入600—900℃高温的窑内烘烤。

6. 浇铸。青铜器的浇铸主要有正浇、倒浇两种。凡是实心青铜器，浇口和冒口都设在范体的上部，采用正浇法；凡是青铜容器，浇口和冒口都设在器物底部一端，采用倒浇法。只有个别器物采用侧浇的方法。造型较简单的器物，如圆鼎、觚、觯、罐等，通常采用浑铸法一次浇铸而成；造型较复杂的则采用分铸法，即分别铸出器物的主体和附件。分铸法又称“二次铸造法”，是古代工匠在长期的劳动实践中发明创造的铸造方法。

7. 脱范。等青铜溶液冷却凝固后，打碎外范，除去范芯，得到铸好的青铜器。

8. 修整。用专门的工具将青铜器上的毛刺、飞边、铜块打磨光滑，让花纹清晰整洁。

熔模法是用容易熔化的材料制作铸型的铸造方法，其中最主要的是以蜡为模的失蜡法。失蜡法是先用蜡模制成需要铸造的铜器的形状，再在蜡模外包裹细泥浆和耐火材料，然后烘烤蜡模使蜡流出，直接在铸型中浇铸铜液的方法。失蜡法省却了复杂的分范和合范步骤，解决了铸造浮雕、镂空等造型复杂器物的技术难题，多用来制作形式或纹饰比较繁缛复杂的青铜器。所铸器物无范缝，纹饰清晰。

失蜡法最早出现在公元前4000年左右地中海东部的以色列、叙利亚地区，现藏于大英博物馆的“古埃及法老的宠物”——安德森猫（青铜）就是用失蜡法铸造的。在我国，目前发现的用失蜡法铸造的青铜器出现于春秋中晚期，最著名的有1978年在湖北随县出土的曾侯乙尊盘。

失蜡法的工艺流程包括：

1. 用泥制出内范。

2. 内范外贴蜡。

3. 在蜡膜上雕刻纹饰。

4. 整体模型外部以泥填充加固，制成外范。

5. 加热，让蜡熔掉，得到型腔。

6. 向型腔内注入熔化的青铜液。

7. 待铜液冷却凝固，除去填充的泥，便可得到与蜡模相同的青铜器。

中国玉器

玉有广义与狭义之分。《说文解字》称玉为“石之美”者。广义上说，美丽的石头，如玉、水晶、玛瑙、绿松石、青金石、孔雀石等，都可以称为玉石。另有珊瑚、煤玉等，则称为有机玉石。狭义的玉又称真玉，仅指硬玉和软玉。

从地质学角度讲，软玉是指以透闪石为主，由透闪石与阳起石组成的微晶集合体。软玉具纤维交织结构，细腻温润，硬度很高，莫氏（Mohs）硬度为 6—6.5。中国古代玉文化中的玉，古代文献中直接称为“玉”的，都是指软玉。软玉按颜色可分为白玉、青白玉、青玉、碧玉、黄玉、糖玉和墨玉等。

硬玉属辉石族矿物，是组成翡翠的主要矿物成分，莫氏硬度为 6.5—7。相对于软玉而言，翠玉为硬玉。就成分而言，软玉又称闪玉，硬玉则称辉玉。真玉之外，一般统称为类玉石。

玉材命名，多依产地。我国目前有明确产地的玉材有和田玉、岫岩玉、蓝田玉、酒泉玉、独山玉、花莲玉等。其中新疆和田玉具有独特的材质优势，矿物颗粒小，杂质少，韧性大，密度高，明显优于其他闪石类玉。和田玉中的上品——羊脂白玉，透闪石含量 99% 以上，质地细腻，润如羊脂。因此羊脂白玉也被称为“白玉之冠”“软玉之王”。

玉不仅是地质学上的岩石和矿物，还是我国最具代表性的传统文化符号之一。中华玉文化深邃而广博，古代神话中有西王母向黄帝和舜献玉环，周穆王欢会西王母于瑶池、采玉而归的传说。古人将玉人格化，从玉的纹理、光泽、色彩、声音、质地等自然属性方面去比附其与道德的联系，将玉石的审美评价尺度与社会的人伦道德尺度对应起来，认为玉有许多美好的品德，具体有“五德”“九德”“十一德”之说。

1. 许慎五德说。五德指仁、义、智、勇、洁。《说文解字》载：“玉，石之美，有五德：润泽以温，仁之方也；䚡理自外，可以知中，义之方也；其声舒扬，专以远闻，智之方也；不桡而折，勇之方也；锐廉而不技，洁之方也。”

2. 管子九德说。九德指仁、智、义、行、洁、勇、精、容、辞。管子认为玉之所以贵重，体现在玉有九种高尚的品德。《管子·水地》载：“夫玉之所贵者，九德出焉。夫玉温润以泽，仁也；邻以理者，知也；坚而不蹙，义也；廉而不刿，行也；鲜而不垢，洁也；折而不挠，勇也；瑕适皆见，精也；茂华光泽，并通而不相陵，容也；叩之，其音清搏彻远，纯而不杀，辞也。是以人主贵之，藏以为宝，剖以为符瑞，九德出焉。”

3. 孔子十一德说。《礼记·聘义》载：“夫昔者，君子比德于玉焉。温润而泽，仁也；缜密以栗，知也；廉而不刿，义也；垂之如队，礼也；叩之，其声清越以长，其终诎然，乐也；瑕不掩瑜，瑜不掩瑕，忠也；孚尹旁达，信也；气如白虹，天也；

精神见于山川，地也；圭璋特达，德也；天下莫不贵者，道也。”

中国是世界上琢玉最早的国家之一。《诗经》中的“如切如磋，如琢如磨”，说的就是琢玉工艺程序。制成一件玉器，须经过选料、开料、造型设计、钻孔、琢纹、抛光等步骤，需要花费很长时间，反复研磨。由于玉的硬度比钢铁的硬度（莫氏硬度为 5—5.5）高出许多，所以雕琢玉石不能直接使用钢铁制成的刀、凿，而必须使用特殊的专用工具。在金属冶铸技术尚不发达的史前，无论是开料还是成型，依靠的都是线切割或片切割技术。

线切割也叫拉丝，是用软线或动物筋条一类的柔性切割工具，蘸水、蘸磨料对玉材进行切割。片切割则是将软线换成竹木片，对玉材进行切割。这两种方法都需加水和解玉砂，水是润滑剂，琢制过程中起实际研磨作用的不是线或片本身，而是硬度高于玉的解玉砂。我国商代玉器生产技艺已十分成熟，据推测，当时的开料工具可能既有动物筋条一类的柔性切割工具，也有砣子一类的硬性片状切割工具。

解玉砂是古代琢制玉器时切割研磨玉料必须使用的材料。《诗经·小雅·鹤鸣》载，“他山之石，可以为错”，“他山之石，可以攻玉”。“他山之石”即解玉砂。矿石之可以攻玉，硬度必须高于真玉，且须具有一定的锐度和耐磨性。因此，只要是硬度超过真玉且具脆性，能崩解成碎末，具有良好耐磨性的矿石，均可用于攻玉。新石器时代只能用较易得的石英砂，宋代已采用石榴石砂，清代还使用刚玉砂。

砣是古代最常用的剖玉工具。砣有石砣、金属铊等多种：用石磨成的称为砣具，用铁磨成的称为铊具。砣具呈圆盘状，外沿为弧刃。剖玉时，需要将其固定在砣柄杆上，并以轴带动柄杆，使其来回转动磨耗玉料，达到切磋琢磨的目的。

中 国 陶 瓷

（一）陶器

陶器是以自然界中的黏土为原料，经筛选、浸润、淘洗、制坯成型等一系列工序，入窑经 800℃以上高温烧制，最后得到的稳定性良好、有一定抗压能力、不变形的器物。

制陶是随着史前人类进入新石器时代的定居生活而出现的，是人类最早通过化学变化将一种物质变成另外一种物质的创造性活动。在瓷器诞生之前，是漫长的陶器时代，通过对目前发现的我国现存最早的陶器残片进行碳 -14 年代测定，其距今 9000—10000 年。

制陶是人类文明发展的重要标志，是继发明用火以来的又一具有划时代意义的事件。有了陶器，加工食物变得可能，从根本上改变了人类的饮食结构，对人体进化、脑力发展等有积极的意义。

陶器根据质地、颜色等，可分为红陶、彩陶、黑陶、灰陶、白陶、硬陶、釉陶等类别。黏土是制作陶器的主要原料，它由地壳表层的岩石风化分解而成，属于含水铝硅酸盐矿物，主要成分是硅和铝的氧化物，此外还有铁、钾、钠、镁、钙、钛的氧化物。黏土在湿润含水状态下即有可塑性，在高温焙烧中又有固定成型的烧结性。当加热到一定温度时，黏土中的易熔物质开始熔化，熔液填充到未熔颗粒之间的孔隙中，使陶坯体积收缩、密度提高。在气孔率达到最低值、密度达到最大值时，出现烧结状态，这时陶器本身也变得致密坚实。为改善黏土原料的工艺性能，先民还有意识地在黏土中加入沙子、稻壳、贝壳屑等羼和料，这种在黏土中掺入一定比例羼和料烧制而成的陶器即为夹砂陶。夹砂陶中的羼和料在陶坯干燥收缩和烧成收缩中，起着减少陶坯变形与破裂的作用，可以改善陶土的成型性能，增强其受热能力。掺入羼和料的黏土较一般黏土更耐高温，故夹砂陶常常用作炊具。

红陶、灰陶、黑陶都是泥质陶，白陶和硬陶则用瓷土烧制而成。红陶出现最早，流行于8000—5000年前。彩陶出现于新石器时代中期，流行于五六千年前。黑陶出现于新石器时代晚期，流行于四五千年前。灰陶在新石器时代早期的裴李岗文化中已有发现，主要流行于夏商周时期。灰陶的质地更加坚密，外表通常带有图案和花纹。白陶出现于新石器时代晚期，流行于夏商，特别是商代晚期，多作礼器用。硬陶出现于新石器时代晚期，流行于商至战国时期。汉代还有一种低温铅釉陶，表面施釉，外观很像瓷器，但胎质、烧制温度和瓷器有本质区别。我们所熟悉的唐三彩，就是一种低温铅釉陶。

陶器的制法，有泥条盘筑法、轮制法、模制法等，烧制先后经历了露天堆烧、平地封泥、窑烧几个大的发展阶段。烧成温度一般为800—1000℃,最高不超过1100℃。若超出这一温度，陶器就会烧坏变形。低于900℃，陶器则质地较差。硬陶的烧成温度则高达1200℃。

泥条盘筑法的实施步骤为：将拌制好的黏土搓成泥条，从器底起，将泥条盘筑成器壁，直至器口，再用泥浆胶合全器，最后抹平器壁盘筑时留下的沟缝，或进一步一手在器内持陶垫或卵石顶住器壁，一手在器外持陶拍拍打，使器壁均匀结实。

轮制法是在泥条盘筑法的基础上产生的一种制陶技术，借助于被称为“陶车”的简单机械对陶坯进行修整：将陶坯置于陶车工作台面的中心，推动台面旋转，便可用手或借助工具对器形进行整修。轮制陶器是制陶术的一个飞跃，此方法可使陶器器壁较薄、器形规整。如山东龙山文化中的黑陶，其胎体之薄与器形之规整，只有轮制才有可能实现。

（二）原始瓷器

原始瓷器是瓷器生产早期和低级阶段的产物，商代中期开始出现，以瓷土烧制而成，表面施釉，有光泽。最早的瓷器是青瓷，由于工艺不够成熟，与陶器及东汉以后的成熟瓷器均不相同，所以称为原始瓷器或原始青瓷。

原始瓷器与陶器的区别主要有二：一是原始瓷器用瓷石做坯料。瓷石与制造陶器用的易熔黏土相比，氧化硅和氧化铝的含量较高，氧化铁的含量则显著降低。二是烧成温度高。陶器烧成温度大多在1000℃以下，胎质松软；原始瓷器胎壁烧结坚硬，不渗水，品质已接近于近代瓷器。

与东汉以后的成熟瓷器相比，原始瓷器烧成温度偏低，胎体没有完全烧结，吸水率和显气孔率都比较高，釉层薄且容易剥落，制作工艺比较原始。

（三）瓷器

瓷器是我国古代的一项重大发明和创造，发明瓷器是我国对世界物质文明的伟大贡献。以瓷石或高岭土做胎，表面施釉，经 1200℃左右的高温烧制而成的器物，即为瓷器。烧结后质地坚硬细密，釉层表面光滑，胎体呈白色或灰白色，胎釉紧密结合，不吸水或吸水率甚低，叩之发出清脆悦耳的声音。由于瓷器清洁美观，比陶器坚固耐用，又远比铜器、漆器造价低廉，且原料分布极广，蕴藏丰富，各地可以因地制宜，广为烧造，所以瓷器被发明后，便成为非常普及的日常生活用具。

自然界中的瓷石经风化成为瓷土，瓷土是制作瓷器的主要原料。瓷土由高岭土、长石、石英等组成，主要成分是二氧化硅和三氧化二铝，并含有少量的氧化铁、氧化钛、氧化钙、氧化镁、氧化钾和氧化钠等。瓷土的可塑性和结合性能均较好，耐火度高，是普遍使用的制瓷原料。

高岭土是一种主要由高岭石组成的黏土，因首先发现于江西省景德镇东北的高岭村而得名。纯净的高岭土为致密或疏松的块状，外观呈白色、浅灰色，具有滑腻感，易用手捏成粉末。耐火度高，煅烧后颜色洁白，是一种优良的制瓷原料。

瓷器根据釉色，可分为青瓷、黑瓷、白瓷、彩瓷等。青瓷出现最早，成熟的青瓷瓷器出现于东汉中晚期。黑瓷在东汉后期基本烧制成功。白瓷最早出现于北朝，唐代已发展成熟。彩瓷有青花、斗彩、五彩、粉彩、珐琅彩等。隋唐时期，瓷器生产开始繁荣。宋代，制瓷业高度发展，当时窑口林立，瓷器品种繁多，出现了官窑、定窑、汝窑、钧窑、哥窑五大名窑。元代，景德镇成为瓷器生产的中心，青花、釉里红、白瓷、黑瓷等具有极高的艺术水平。明清时期，制瓷业更加繁荣，造型种类层出不穷，题材与装饰技法丰富多样，釉色更是品种繁多，色彩纷呈，开创了中国陶瓷史的新篇章。

中 国 书 画

书画又称“字画”，是书法和绘画的合称。中国的书画艺术源远流长，是中华优秀传统文化的重要载体，也是中华民族最具代表性的文化元素之一，在世界美术领域中自成体系，形成了独树一帜的民族艺术。

书法指用毛笔书写汉字（篆、隶、正、行、草）的艺术。技法上主要讲执笔、用笔、点画、结构、分布（行次、章法）等。如执笔要指实掌虚，五指齐力；用笔要中锋铺毫；点画要圆满周到；结构要横直相安，意思呼应；分布要错综变化，疏密得宜，全章贯气等。书法艺术要求有微妙迭见的变化，并崇尚个性、风貌和意趣。中国书法已有 3000 多年历史，商周金文、秦篆、汉隶、魏碑、唐楷、宋行、明人小楷等各具特色，篆、隶、楷书端庄典雅，法度严谨，行、草书挥洒自如，行云流水，跌宕多姿。

中国绘画简称“国画”，是中国传统绘画形式，以墨色为主、丹青色彩为辅。丹青本是丹砂和青雘两种可作颜料的矿物。中国古代绘画常用朱红、青色，故称画为“丹青”，丹青也泛指绘画艺术。国画按题材，可分为人物、山水、花鸟等；按技法，可分为具象和写意；在表现形式或颜色上，则可分为水墨、青绿、金碧、浅绛等。作为一种寄情于天地万物的艺术，中国书画在内容和创作上，体现了古人对自然、社会及与之相关联的政治、哲学、宗教、道德、文艺等方面的认知。

人物画是我国最早的传统画科之一，内容以描绘人物为主。因绘画侧重不同，又可分为人物肖像画和人物故事、风俗画。据记载，人物画在春秋时期已经达到很高水准。

山水画简称“山水”，中国传统画科之一，是以描绘山川自然景色为主的绘画。山水画在魏晋六朝逐渐发展，但仍多作为人物画的背景。至隋唐，已有不少独立的山水画创作。发展到五代、北宋，山水画益趋成熟，作者纷起，从此成为中国绘画中的一大画科。

花鸟画描绘对象不仅仅是花鸟，而是包括花卉、蔬果、草虫、翎毛、“六畜”、走兽等在内的各种动植物。五代是中国花鸟画发展史上的重要时期，以徐熙、黄筌为代表的两大流派，确立了两种不同的风格类型：“黄筌富贵，徐熙野逸”。黄筌的富贵不仅表现为对象的珍奇，在画法上工细，还设色秾丽，显出富贵之气；徐熙则开创“没骨”画法，落墨为格，杂彩敷之，略施丹粉而神气迥出。北宋徽宗皇帝赵佶不仅自己艺术造诣极高，对于画院的选拔制度也有极大的建树。流传最广的是他出的一道画题——“踏花归去马蹄香”，第一名的作品以蝴蝶追逐马蹄表现这一诗句。另一题“万绿丛中一点红”，获胜者以绿树中的朱唇少女脱颖而出。

中国书画艺术同源于笔墨，笔墨全在虚实之间，各具气韵生动的美感。工具和材料有毛笔、墨、颜料、宣纸、绢、砚台等。其中，笔、墨、纸、砚被称为“文房四宝”。“名砚清水，古墨新发，惯用之笔，陈旧之纸”，是中国独有的书法绘画工具。

一、笔

毛笔是中国独具特色的书写、绘画工具。用毛笔书写，是古代中国与西方民族用羽毛书写风格迥异的书写方式。我国的书写用笔起源很早。根据未经刀刻的甲骨文字判断，夏商时期就已经有原始的笔了。如果再从新石器时代彩陶上面的花纹图案来看，笔的产生还可以追溯到5000多年以前。到春秋战国时期，各国都已经制作和使用书写用笔了。那时笔的名称繁多，吴国叫“不律”，燕国叫“弗”，楚国叫“幸”，秦国叫“笔”。秦始皇统一全国以后，“笔”就成了定名，一直沿用至今。传说，我们所用的毛笔是由战国时期的秦国大将蒙恬发明的。传统的毛笔是古人必备的文房用具，其在表现中华书法、绘画的特殊韵味上具有与众不同的魅力。

古笔的品种较多，毛笔有大小，毛分软硬，软硬不同，书画的效果随之而异。从性能上分，有硬毫、软毫、兼毫。羊毫笔柔软，紫毫笔硬实。从笔毫的原料上来分，有兔毛、白羊毛、青羊毛、狼尾等。从笔管的质地来分，又有水竹、斑竹、棕竹、紫檀木、鸡翅木、檀香木、楠木、花梨木等，不少属珍贵的材料。

二、墨

墨是中国书画的色料，根据蘸水比例的不同，分浓、淡、干、湿、焦五色，浓而不滞，淡而不灰，很适合用来表现中国书画的层次感。上等墨极为细腻、香醇，“坚如玉、研无声、一点如漆、万载存真”。

墨的制作历来都很讲究，从制成烟料到最后出品，要经过点烟、和胶、拌料、杵捣、入灰（醒墨）、成型等数道工序。整个过程需一年时间，还要再经过一冬一夏的稳定期，墨内的水分才能全部散发干净，黑度亮度才能显现出来。

古代制墨对温度、湿度要求都很高，时令性极强。特别是点烟，其油料配比及取烟时机要随季节和温度的变化而调适，只能在每年的3—5月及10—12月进行。为提高墨的性能，制墨时要在烟灰中加入动物皮胶，再掺以金箔和天然麝香、冰片、牛黄、熊胆、蛇胆等中草药。在这个过程中，为了让烟灰与辅料混合得足够均匀，还需要“轻胶十万杵”。用墨槌不断翻转捶打，使烟灰、辅料、胶充分混合，才能使做出来的墨块“坚如玉，纹如犀，写数十幅，不耗一二分也”。

墨的外表形式多样，有本色墨、漆衣墨、漱金墨、漆边墨。墨先有松烟、后有油烟，松烟浅淡而明快，油烟浓黑如漆。宋代以前，造墨多以松烟为原料，从明初开始以油烟墨为重。清代制墨名家汪近圣所制之墨，“光可以鉴，锋可以截，比德于玉，缜密而栗。其雕镂之工，装式之巧，无不备美”。

墨以徽墨最为著名，徽墨因产于古徽州府而得名，有“落纸如漆，色泽黑润，经久不褪，坚如犀石，纸笔不胶，香味浓郁，丰肌腻理”等特点，素有“拈来轻、磨来清、嗅来馨、坚如玉、研无声、一点如漆、万载存真”的美誉。徽墨可用于绘画、书法、雕刻、造型等艺术，本身即为一种艺术珍品。清代乾隆年间的制墨名家胡开文，在徽墨界一枝独秀，声名远扬。1915 年，徽墨获巴拿马世界博览会金奖。2006 年，徽墨制作技艺被列入国家级非物质文化遗产名录。

三、纸

中国书画用绢或纸，其中纸特指宣纸，宣纸因原产于宣州府（今安徽宣城）而得名。宣纸质地柔韧、洁白平滑、色泽耐久、吸水性强，是中国书画的独特材料。宣纸有生熟之分，一般来说，写意画用生纸，生纸上作水墨画能使墨分五色，浓淡层次分明，其效果令人赏心悦目。重彩界画则用熟纸。郭沫若说：“宣纸是中国劳动人民所发明的艺术创作，中国的书法和绘画离开了它便无从表达艺术的妙味。”国画大师刘海粟更是对其赞誉有加：“纸寿千年，墨韵万变。”

四、砚

砚，也称“砚台”，是中国书写、绘画研磨色料用工具。砚的材质有陶、泥、砖瓦、金属、漆、瓷、石等，最常见的还是石砚。汉代时砚已流行，宋代则已普遍使用，明清两代品种繁多，出现了被人们称为“四大名砚”的洮砚、端砚、歙砚和澄泥砚。好的砚台质地细腻、润泽净纯、晶莹平滑、纹理色秀、易发墨而不吸水。其名贵者，有以石质贵者，有以制作贵者，有以名人用而贵者，等等。砚台的雕工制作早已成为一门艺术，从取石、就料、开型、出槽、磨平到雕花等，都可运其匠心。

五、颜料

中国传统的绘画颜料分为矿物质颜料和动植物质颜料两大类。矿物质颜料多取自天然矿物，即从自然界中存在的天然矿物、岩石、土壤中提取或提纯的着色物质，亦有用化学方法提取者。其特点是易溶于水，熔点较高，不易分解，不易褪色，性质稳定，虽经千百年而色泽犹妍。矿物质颜料主要有朱砂、石青、石绿、朱磦、赭石、雄黄、石黄、蛤粉、铅粉、金粉、银粉等。动植物质颜料是从植物的花、叶、根、茎等部位提取的汁液，及以动物为来源取得的颜料。植物质颜料多为透明色，可以互相调和，但无覆盖力，时间久了会褪色；主要有藤黄、花青、胭脂等。动物质颜料虽然在传统绘画颜料中所占的比例不是很大，但在应用中却是很有特色，如从一种生活在热带的雌性胭脂虫身上提取的洋红以及紫胶虫分泌的紫胶等。

（一）矿物质颜料

1. 朱砂，又称“辰砂”“丹砂”“赤丹”“汞丹”，属硫化汞矿物。通常用水或胶漂洗，漂在上层的颜色发黄，沉淀在下层的颜色发暗，悬浮在中间的质量最好。宋代辰州（今湖南沅陵等地）出产的朱砂品质最佳，“辰砂”即由此得名。

2. 朱磦，是朱砂原料研磨、漂洗、水飞后浮在上面最细的一层橘黄色颜料，质地细腻，黄中带红，色彩稳定，不易变色。

3. 赭石，产自赤铁矿，属褐色系，从浅棕色、血红色、棕红色到棕黑色，颜色种类很多。赭石是世界上最早用于装饰、涂绘的颜料，也是世界上分布最广泛的颜料。我国各地的岩画，多以赭石为颜料。

4. 蛤粉，又叫“珍珠粉”“蜃粉”，由蛤蚌壳煅烧而成，主要成分是氧化钙，稳定性强，色永久不变。

5. 石青，原材料主要有青金石、蓝铜矿。蓝铜矿是含铜的碳酸盐矿物，呈深蓝色，绘画界称为石青。《天工开物》记载，根据外形和产地，蓝铜矿分为空青、扁青、曾青、白青、沙青等。空青，块状中空，像杨梅，产于四川。扁青，又叫“大青”，产于云南的叫“滇青”，产于缅甸的叫“甸青”。曾青，分深浅层次，浅色曾青又称“天青”，产于山西、湖北、四川、西藏。白青，又叫“碧青”，比天青更浅，无光泽，产自云南、贵州、四川。沙青，又叫“佛青”“回青”，小颗粒状，分粗细两种，是从西域传来的颜料，现西藏、新疆等地出产，民间把产于西藏的叫“藏青”，藏青在佛教绘画、建筑彩绘、敦煌壁画及明清佛像上多用。

6. 石绿，是一种在中国古代绘画中使用历史较久的绿色颜料，俗称“孔雀石”，产于铜矿氧化带，与蓝铜矿、氯铜矿等紧密共生。主要成分为碱式碳酸铜，单斜晶系，晶体少见，集合体呈晶簇状、肾状、葡萄状、皮壳状、土状等。在肾状集合体内部具有同心层状或放射纤维状的特征，有深浅不同的绿色至白色组成环带，性质稳定、不易褪色，但色调变化较大，从暗绿、鲜绿到白色均有。

（二）动植物质颜料

1. 洋红，是将一种生活在热带的雌性胭脂虫干燥后磨成粉末，提取出胭脂红，再用明矾处理，除去其中杂质制成的动物质颜料。洋红不浸蚀纸背，不染笔毛，色泽鲜红，但怕潮湿。

2. 胭脂，用红蓝花、茜草和紫铆制成，是我国古代绘画的主要用色，但易褪色。红蓝花原产于埃及，约在汉代经中亚传入我国，盛产于焉支山一带。此花色泽红润鲜美，故匈奴人采之制作颜料，并在妇女化妆时使用。物以山名，生长有红蓝花的山，名为“焉支山”，而胭脂作为胡语音译，曾被写为“燕支”“焉支”。

3. 藤黄，是用竹筒收取海藤树的树脂，待其干透便成的一种颜料，呈柠檬黄色，颜色越深，品质越好。藤黄产于越南、缅甸、泰国等地。其中，越南产的质量最好，称为“月黄”；月黄从唐代就进入我国，被称作“真腊书黄”。“胭脂不上手，藤黄不入口”，藤黄有毒，万不可入口。

4. 花青，是水墨设色画的主要颜料，颜色介于蓝绿之间，通常蓝中带绿，绿中有蓝。花青以靛蓝原料制成，秋天采蓼兰或大兰 (蓼科植物) 的叶子，经多次发酵制成靛蓝，再取靛蓝中之最精良部分加胶收膏即成。

5. 百草霜，又称“锅底黑”，《本草纲目》中称为“灶突墨”，是杂草燃烧后附着在锅底或烟筒上的烟黑。百草霜颗粒细腻，粉质轻细，是古代人画翎毛和须发用颜料。

6. 灯草黑，是将灯草放在铁筒中烧灰兑胶使用的一种颜料。灯草烧制出来的黑色暗黑无光，有黑绒线般的质感，常用在画蝶、蛾上，如画草虫、花鸟的斑纹等。

主要参考文献

一、专著

［1］方泽．中国玉器[M]. 天津：百花文艺出版社，2003.

［2］冯先铭．中国陶瓷[M]. 上海：上海古籍出版社，2001.

［3］郭宝钧．山彪镇与琉璃阁[M]. 北京：科学出版社，1959.

［4］河南博物院，台北历史博物馆．辉县琉璃阁甲乙二墓[M]. 郑州：大象出版社，2003.

［5］李晓东．文物学[M]. 北京：学苑出版社，2005.

［6］马承源．中国青铜器[M]. 上海：上海古籍出版社，2003.

［7］阮元．十三经注疏[M]. 北京：中华书局，1980.

［8］石东玉．图说中国绘画颜料[M]. 北京：中国科学技术出版社，2019.

［9］孙机．中国古代物质文化[M]. 北京：中华书局，2014.

［10］王然．中国文物大典[M]. 北京：中国大百科全书出版社，2008.

[11] 杨仁恺 . 中国书画 [M]. 上海：上海古籍出版社，2011.

[12] 中国硅酸盐学会 . 中国陶瓷史 [M]. 北京：文物出版社，1982.

[13] 中国科学院考古研究所 . 辉县发掘报告 [M]. 北京：科学出版社，1956.

[14] 中国青铜器全集编辑委员会 . 中国青铜器全集（全 16 册）[M]. 北京：文物出版社，1996—1998.

[15] 中国社会科学院考古研究所 . 中国考古学·夏商卷 [M]. 北京：中国社会科学出版社，2003.

[16] 中国社会科学院考古研究所 . 中国考古学·两周卷 [M]. 北京：中国社会科学出版社，2004.

[17] 中国社会科学院考古研究所 . 中国考古学·秦汉卷 [M]. 北京：中国社会科学出版社，2010.

二、期刊

[1] 崔墨林 . 河南辉县发现吴王夫差铜剑 [J]. 文物，1976（11）：71.

[2] 石志廉 . 商妇婞婴铜觚 [J]. 文物，1980（12）：91.

[3] 谢小铨 . 子龙鼎归国始末 [J]. 中国历史文物，2006（5）：18–19.

后　记

2010年，我从河南师范大学硕士毕业，考入新乡市博物馆，从事文博研究工作。中国国家博物馆终身研究馆员孙机先生云："在博物馆服务，有幸和这些世间珍异朝夕谋面，没有理由不掬其丹诚、倾其绵薄，去揭示它们的内涵，阐扬它们的意义。"本书汇集的即是我作为一名文博工作者，多年来对那些"朝夕谋面"文物的一点粗浅理解与体会。

"睹乔木而思故家，考文献而爱旧邦。"研究生阶段，我的专业方向是历史文献学，我的授业恩师王记录教授，将我领入学术殿堂，一路对我教诲、鼓励与包容。先生严厉而不失温情，灵魂深处的芬芳，如星辰大海、日月明灯，伴我温暖前行。

"求新莫忘温故，博物方能致远。"毕业后到博物馆工作，转入文物研究领域，为我打开了另一扇大门，使我得以进入缪斯的殿堂。青铜美玉，古陶精瓷，翰墨丹青……文物之美，让我沉浸其中，感叹古人的匠心与技艺，陶醉于独特的中华美学。文物既承载国家社稷的宗庙之音，也寄托个人的陶情遣怀，更是历史的细节与见证，闪耀着科技与智慧的光芒。

文献与文物，都是我深爱的领域。兴趣、专业与工作方向相一致，谋生即谋爱，人生如此，夫复何求。

文物不言，自有春秋。我何其幸运，唯有继续努力。

王元黎

2022 年 3 月